Das geheimnisvolle Leben seltener Tiere

CIP-Kurztitelaufnahme der Deutschen Bibliothek
Cuisin, Michel:
Das geheimnisvolle Leben seltener Tiere
Text: Michel Cuisin. Zeichn.: André Buzin.
Dt. Bearb.: O. von Frisch. [Übers.: Sabine Dieskau].
– Esslingen: Schreiber: Wien Österreichischer Bundesverlag.
Einheitssacht.: La vie secrète les animaux rares <dt.>
ISBN 3-215-07360-9

NE: Buzin, André; Frisch, Otto von [Bearb.]

Autor und Titel der französischen Ausgabe:
Michel Cuisin, La vie secréte des bêtes les animaux rares
Übersetzung: Sabine Dieskau
Umschlagentwurf: Creativ + Druck GmbH (Ulrich Kolb)

Satzherstellung: Studiodruck, Nürtingen-Raidwangen

Das geheimnisvolle Leben seltener Tiere

Text: Michel Cuisin
Deutsche Bearbeitung: Otto von Frisch
Zeichnungen: André Buzin

Esslinger im ÖBV

Der Luchs

Vor zweihundert Jahren gab es Luchse noch in vielen Gebieten Europas. Aber schon Anfang unseres Jahrhunderts war diese größte europäische Katzenart nur noch in Spanien, Skandinavien, Polen, Rumänien, Bulgarien, der Tschechoslowakei und in Rußland zu beobachten, und bis heute gehen die Bestände fast überall noch weiter zurück. Dem Luchs ergeht es nicht anders, als den Bären und Wölfen. Sie waren für den Menschen schon immer Konkurrenten, die nicht nur andere Wildtiere, wie Rehe, Hasen und Hühnervögel als Beute schlugen, sondern die sich auch ab und zu ihren Anteil unter den Haustieren, besonders den Schafherden und Rindern holten.
Außerdem waren große Raubtiere immer schon gefürchtet und verhaßt, sie konnten ja dem Menschen selbst ans Leben wollen. Daß sie in Wirklichkeit den Menschen nur dann angriffen, wenn sie zuvor von ihm durch Fallen oder Schüsse verletzt worden waren, mochte niemand so recht wahrhaben.
Der Luchs jagt vor allem junge Rehe und Hirsche, Hasen und Bodenvögel. Alte, starke Tiere können aber auch erwachsene Hirsche, Wildschweine und sogar Elche angreifen, andererseits müssen in mageren Zeiten auch Mäuse, Eidechsen oder Schlangen als Nahrung dienen. Dem Menschen geht der Luchs möglichst aus dem Weg. Er lebt so heimlich und kann sich so lautlos und vorsichtig bewegen, daß man ihm auch dort, wo er noch häufiger vorkommt, kaum einmal begegnet. In den vergangenen Jahren, etwa seit 1970, ist der Luchs in manchen Gegenden der Bundesrepublik, der Schweiz, Italiens und in Frankreich wieder eingebürgert worden. Das hat besonders den Jägern vielerorts nicht gefallen, fürchten sie doch, daß der Luchs zu viel Schaden unter dem Wild anrichten könnte. In erster Linie holt er sich aber kranke und schwache Tiere, die sowieso eingehen würden. Junge Luchse werden im April oder Mai in einem sicheren Versteck zwischen Felsen oder Baumwurzeln geboren. Meist sind es zwei bis drei in einem Wurf, die von der Mutter betreut werden.

Länge: 91–130 cm (Weibchen sind kleiner als Männchen)
Schulterhöhe: um 60 cm. Gewicht: 15–38 kg.
Alter (in Gefangenschaft): 17 Jahre.

Dieser Luchs hat einen Hasen aufgespürt. Er schleicht sich in guter Dekkung an, erreicht ihn mit zwei, drei federnden Sprüngen und schlägt ihn mit der Vorderpfote, um ihn schließlich mit einem Biß zu töten. Der Luchs jagt fast alle Tiere, denen er kräftemäßig überlegen ist, unter den Vögeln besonders die Bodenvögel wie Auerhuhn, Birk- und Haselhuhn. Sein Revier umfaßt 1500 bis mehrere tausend Hektar. Die Größe ist abhängig von der Anzahl der dort vorkommenden Beutetiere.

Der Luchs ist deutlich größer als die Wildkatze. An der Spitze seiner Lauscher (Ohren) stehen pinselförmige Haarbüschel. Ältere Luchse haben einen Backenbart. Der Schwanz ist beim Luchs kurz und eigentlich nur ein kleiner Stummel. Oben ist ein Luchsschwanz gezeichnet, darunter der einer Wildkatze.

Ein Luchsweibchen mit ihren beiden Jungen, die hier etwa zehn Wochen alt sind. Sie werden nach einer Tragzeit von rund 9 Wochen geboren. Ein gutes Jahr bleiben sie mit der Mutter zusammen.

Dort, wo der Luchs wieder angesiedelt wurde, ist er ganzjährig geschützt. Manche Tiere wurden mit Halsbandsendern ausgestattet, so daß man ihre Wanderungen und bevorzugten Aufenthaltsorte mit Peilgeräten verfolgen und bestimmen konnte.

Der Orang-Utan

Orang-Utan bedeutet in der Sprache der Malaien „Waldmensch". Nach dem Gorilla, der in Afrika vorkommt, ist der Orang-Utan der größte Menschenaffe. Tatsächlich lebt er im Wald, in den Urwäldern Sumatras und Borneos. Er kann dank seiner relativ langen Arme und Beine sehr gut klettern und hält sich auch die meiste Zeit in den Bäumen auf, wo er sich von Blättern und Früchten ernährt. Am Boden ist er weit weniger geschickt als die Gorillas oder gar die Schimpansen.

Die Zahl der heute noch freilebenden Orang-Utans einigermaßen genau zu bestimmen, ist schwer, aber eindeutig sind sie von der Ausrottung bedroht, und die Bestände sind seit Mitte des Jahrhunderts immer kleiner geworden. Schuld daran ist überwiegend der Rückgang der Wälder. Durch die ständig wachsende Zahl der Menschen werden immer größere Gebiete für Ackerbau und Viehzucht benötigt, die Wälder werden gerodet oder abgebrannt. Aber eben nur in den Wäldern finden die Orangs Schutz und Nahrung. Früher vor allem wurden auch immer wieder Orang-Utan-Weibchen getötet, die kleine Junge hatten, um diese Babies dann an Zoologische Gärten oder an Privatleute zu verkaufen. Die meisten lebten nicht lange.

Inzwischen sind die Orang-Utans streng geschützt, und in den Zoos werden genügend Junge geboren.

In speziell dafür gebauten und eingerichteten Urwaldstationen werden junge Orangs durch geschulte Pfleger auf ihr Leben in Freiheit vorbereitet. Die Jungen stammen entweder aus Zoologischen Gärten oder es sind Waisen, deren Mütter starben. Auch werden immer noch einmal unrechtmäßig gefangene Affenkinder gefunden und beschlagnahmt. Sie alle kommen in die Auswilderungsstationen, bis sie alt genug sind und geübt im selbständigen Auffinden der Nahrung, im Klettern und im Umgang mit den Artgenossen. Dann können sie zurück in die Wälder, ihre eigentliche Heimat.

Kopf-Rumpflänge: etwa 125–150 cm.
Gewicht: Weibchen etwa 40 kg, Männchen etwa 75–100 kg.
Im Zoo können Orangs erheblich schwerer werden: bis 188 kg.
Lebensalter (in Gefangenschaft): 26 Jahre.

Hier hat ein malaiischer Jäger eine Orang-Utan-Mutter mit einem Jungen aufgespürt, tötet die Mutter und nimmt das Junge mit, um es für viel Geld zu verkaufen. Das ist natürlich gegen das Gesetz, geschieht aber immer wieder. Viele der auf diese Art geraubten Jungen gehen ein, bevor sie verkauft werden, weil sie nicht die richtige Nahrung erhalten, sich erkälten oder andere Krankheiten bekommen.

Unten rechts ist der Kopf eines jüngeren Orang-Utan-Männchens abgebildet, links der eines alten Männchens, bei dem die haarlosen Wangenwülste zu erkennen sind. Darunter die Hand eines Orangs mit dem abspreizbaren Daumen. Beim Gehen am Boden stützt sich der Orang auf den umgebogenen Fingern ab.

Ein junger Orang wird nach einer Tragzeit von nicht ganz 8 Monaten geboren und wiegt dann 1,1–1,5 kg. Er klammert sich gleich im langen Fell der Mutter fest, wird aber gleichzeitig von ihr gehalten. Die Jungen wachsen sehr langsam und sind mit etwa zehn Jahren geschlechtsreif.

Ein älterer Orang-Mann bei der Nahrungssuche auf dem Boden. Früchte und Blätter stellen die Hauptnahrung, aber auch Insekten und kleine Wirbeltiere werden manchmal verspeist.

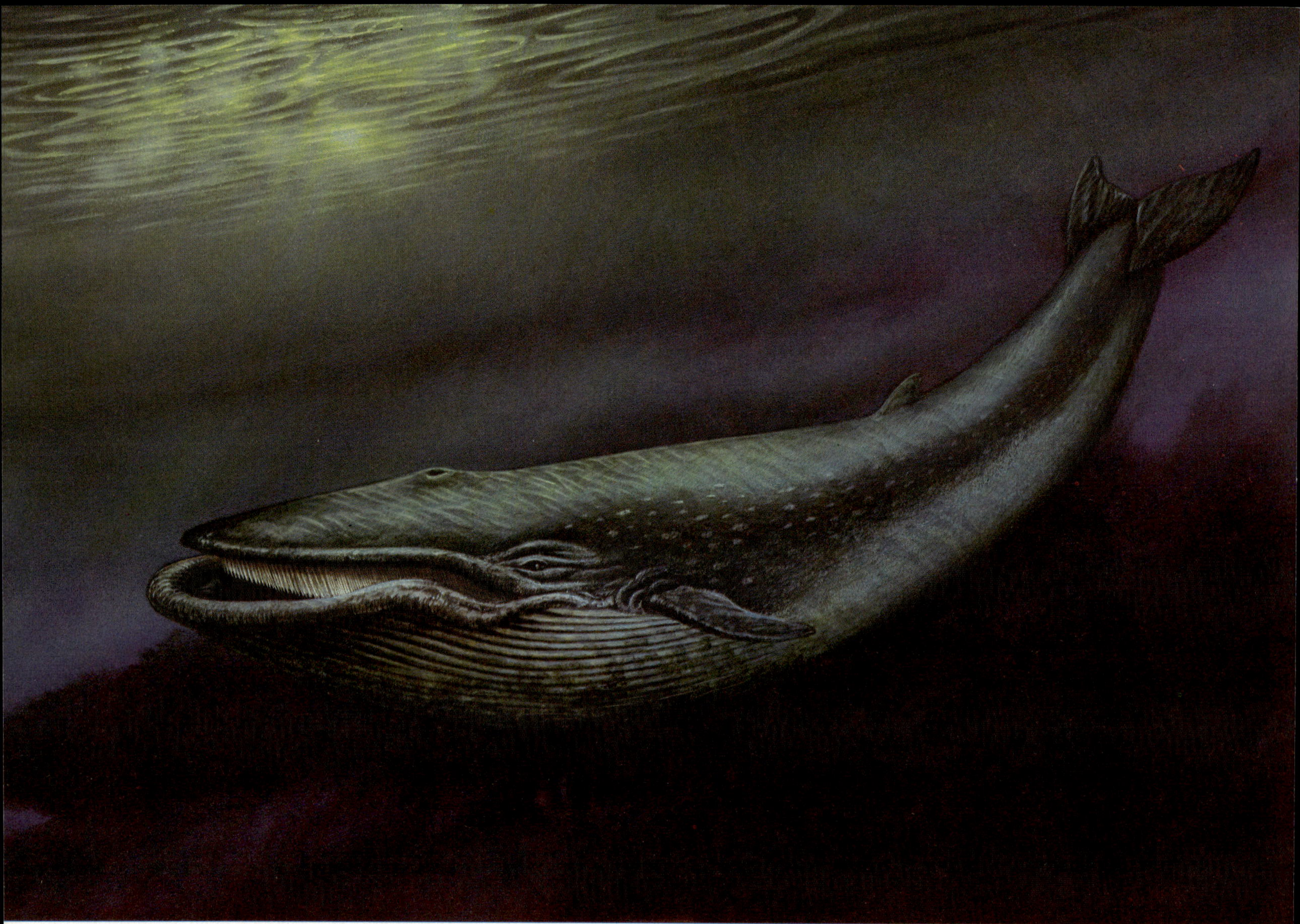

Der Blauwal

Der Blauwal ist die größte Tierart, die je auf der Erde gelebt hat. Die meisten Tiere erreichen eine Länge von 23 Meter, aber gar nicht so selten wurden auch 30 Meter gemessen. Das Gewicht eines ausgewachsenen Blauwals kommt auf 130 000 Kilo.

Früher wurde der Blauwal neben anderen großen Walarten von Booten aus mit Harpunen gejagt, und da sein Fang wegen der enormen Fleisch- und Fettmengen besonders hohen Gewinn einbrachte, gingen die Bestände rasch zurück. 1962 gab es schätzungsweise nur noch 1000 bis 2700 Blauwale, 1963 zählte man noch rund 1900. Inzwischen ist er überall unter Schutz gestellt.

Blauwale gehören zu den Bartenwalen, die ihre Nahrung mit Hilfe von zahlreichen am Oberkiefer befestigten, herabhängenden Hornplatten aus dem Wasser herausfiltern. Sie ernähren sich hauptsächlich von den kleinen, etwa streichholzlangen Krillkrebschen, die in großen Mengen zusammen mit dem Meerwasser ins Maul aufgenommen werden. Während das Wasser durch die Barten abfließen kann, bleiben die Krebse darin hängen und werden portionsweise verschluckt. Krill kommt besonders zahlreich in den nördlichen und südlichen Eismeeren vor. Dorthin wandern dann auch die Wale im Frühjahr und kehren erst im Herbst in die wärmeren Meeresgegenden zurück, um sich zu paaren.

Ungefähr ein Jahr lang ist ein Walweibchen schwanger und bringt dann meist nur ein Junges zur Welt. Aber es sind auch Zwillinge beobachtet worden. Bei der Geburt wiegt das Junge etwa 2 Tonnen und ist schon an die 3 Meter lang. Es wird sechs oder sieben Monate von der Mutter gesäugt und wächst verhältnismäßig schnell heran. Das mittlere Lebensalter liegt vermutlich bei 25 Jahren.

Ein großer Blauwal wiegt so viel wie 25 Elefanten oder 1600 Menschen. An Land könnte ein derart mächtiges Tier sein eigenes Gewicht niemals tragen. Im Wasser aber, in dem das Gewicht durch den Auftrieb ausgeglichen wird, konnten sich im Laufe der Evolution die großen Wale entwickeln. Um so erstaunlicher, daß diese Tiere sich dann von winzigen Lebewesen ernähren. Aber es gibt sie in solchen Mengen und in so dichten Schwärmen, daß sie für die Wale eine reiche und vor allem mühelos zu erlangende Nahrungsquelle darstellen.

Zum Blauwalfang wurden früher kleinere, wendige und schnelle Boote benutzt, die mit den getöteten Tieren nach der Jagd zu einem Mutterschiff zurückkehrten. Dort wurden die Wale verarbeitet. Auf dem linken Bild bläst ein aufgetauchter Blauwal seine Atemluft aus. Das ist der Augenblick, in dem die Harpune aus einer Kanone abgeschossen werden muß. Anschließend wird der Wal mit starken Tauen am Boot befestigt. Unter seine Haut wird Luft gepumpt, damit er nicht versinken kann. Um Blauwale in den riesigen Meeresgebieten zu finden, wurden sogar Suchflugzeuge eingesetzt.

Hier sind die Wanderwege der Blauwale eingezeichnet. Etwa alle 4 Minuten muß ein Wal zum Atemholen auftauchen, stößt die verbrauchte Luft durch die Nasenöffnung aus, atmet frische Luft ein und taucht dann wieder ab

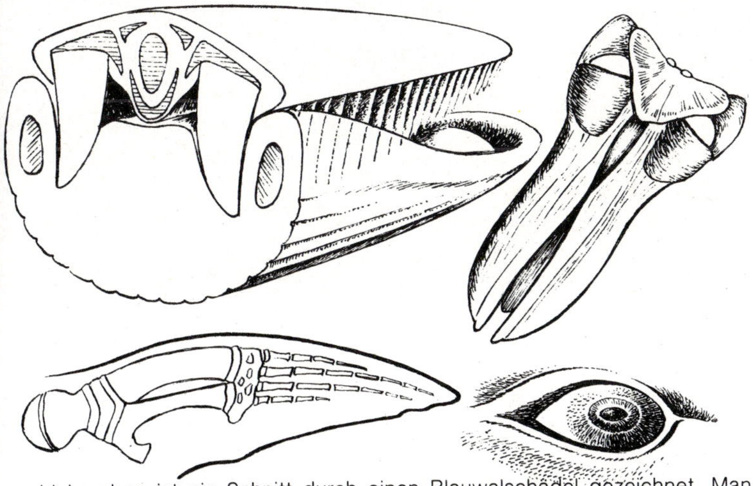

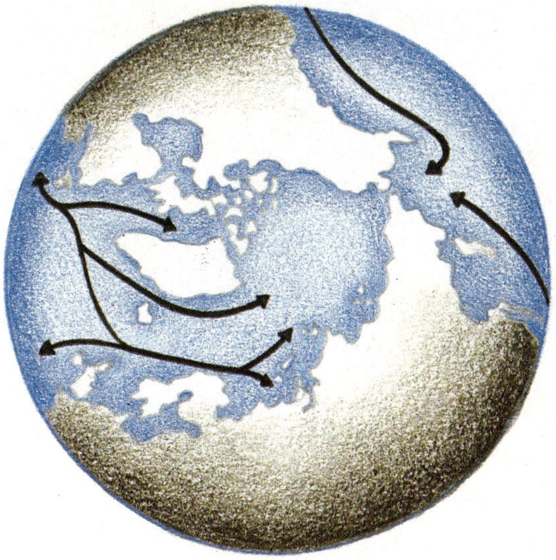

Links oben ist ein Schnitt durch einen Blauwalschädel gezeichnet. Man erkennt die mächtigen Barten im Oberkiefer. Darunter eine Flosse mit dem Skelett der Hand, das dem Handskelett von Landsäugetieren noch durchaus ähnlich sieht. Wale stammen von landlebenden Säugetieren ab. Oben rechts die Ansicht des Schädels und darunter ein Auge mit einem Durchmesser von ungefähr 15 Zentimeter.

Ein erwachsener Blauwal hat keine Feinde außer dem Menschen. Junge Wale werden manchmal von Schwertwalen angegriffen. Diese gehören zu den Zahnwalen, wie die bekannten Delphine auch.

Der Koala

Der Koala oder Koalabär Australiens ist wahrscheinlich neben dem Känguruh das auf der ganzen Welt bekannteste Beuteltier. Seine Beliebtheit verdankt er wohl seinem teddybärartigen Aussehen. Vor hundert Jahren lebten Millionen dieser Baumkletterer in Australien überall dort, wo es Eukalyptuswälder gab. Leider machten sich viele Leute einen „Spaß" daraus, die harmlosen und wenig scheuen Bärchen von den Bäumen zu schießen. Später wurde ihr weiches und dauerhaftes Fell mit der Silberfarbe zu einem gesuchten Handelsobjekt, und schließlich rodete man vielerorts die Eukalyptuswälder, um Farmland zu gewinnen. 1927 waren dann die Koalas in einigen Staaten Australiens bereits ausgerottet. In den dreißiger Jahren endlich wurden sie unter Schutz gestellt, und inzwischen ist man bemüht, sie dort wieder anzusiedeln, wo sie zuvor vertrieben oder getötet worden waren.
Das Junge wiegt bei der Geburt nur $5^1/_2$ Gramm und verbringt die ersten sechs Monate im Beutel der Mutter. Später reitet es auf ihrem Rücken und hält sich mit Händen und Füßen im Fell fest.

In den Zoologischen Gärten Europas sind Koalabären nicht zu sehen. Der Grund hierfür liegt in der sehr einseitigen Nahrung dieser Tiere. Koalas sind nämlich reine Pflanzenfresser oder, noch besser gesagt, Blätterfresser. Und sie nehmen nur die Blätter von Eukalyptusbäumen. Aber auch hier ist nicht jede der etwa 350 Eukalyptusarten Australiens ihr Geschmack. Nur rund 20 Eukalyptusarten mögen sie und fünf von diesen ganz besonders. Und schließlich sind Koalas auch noch wählerisch in der Auswahl der Blätter. Dafür haben sie, wie man durch Zufall herausfand, einen guten Grund. Gerade die Blätter des Lieblingsbaumes der Koalas, des Manna- oder Zuckereukalyptus, enthalten zu bestimmten Jahreszeiten eine recht hohe Menge an Blausäure, die tödlich wirkt, wenn sie aufgenommen wird. Solche Blätter lassen die Koalas also unberührt. In Europa läßt sich auf die Dauer die richtige Eukalyptusnahrung für diese Tiere nicht beschaffen.

Länge: 60-82 cm. Gewicht: bis 16 kg. Lebensalter: etwa 20 Jahre.

Koalas sind ausgezeichnete Kletterer, aber sie bewegen sich nur langsam. Der Daumen der Hand ist abspreizbar, und die Hand kann sowohl zum Umgreifen eines dünneren Astes beim Klettern benutzt werden als auch zum Herbeiholen der Blätter, die der Koala frißt. Zum Ausruhen und Schlafen setzen sich die Bärchen mit Vorliebe in eine Astgabel.

zum Herbeiholen der Blätter, die der Koala frißt. Zum Ausruhen und Schlafen setzen sich die Bärchen mit Vorliebe in eine Astgabel.

Auf der Zeichnung unten links sieht man einen Koalabären in Schlafstellung. Er hält sich mit allen vier Beinen fest und stützt sich mit dem Rücken ab. Rechts oben ist die Beuteltasche eingezeichnet. Sie öffnet sich nach hinten. Koalas haben keinen Schwanz. Darunter, schraffiert, das heutige Verbreitungsgebiet in Australien.

Hier ist ein junger, etwa sechs Monate alter Koala gerade dabei, aus dem Beutel seiner Mutter herauszusteigen, in dem er kaum mehr genügend Platz findet.

Dieser Kleine ist schon weiter herangewachsen und reitet auf dem Rücken der Mutter. Aber nur selten kommen Koalas auf den Boden herunter, in der Regel nur, wenn sie auf einen anderen Baum wollen.

Die Mönchsrobbe

Von den vielen Touristen, die heute ihren Urlaub am Mittelmeer verbringen, wird kaum einer wissen, daß dort einmal die Mönchsrobbe sehr häufig war. Vor etwa zwanzig Jahren schätzte man ihren Bestand auf ungefähr 5000 Tiere. Heute leben vielleicht noch 500. Die Küsten des Mittelmeeres sind durch die vielen Menschen derart verbaut worden, und der Freizeitbetrieb im und am Wasser hat so stark zugenommen, daß den Robben kaum mehr ein ruhiger Platz geblieben ist, an dem sie sich sonnen oder gar ihre Jungen zur Welt bringen können. Zum Beispiel gab es an der Küste Sardiniens tiefe Grotten, in denen die Robben vom Meer kommend noch lange Zeit Zuflucht fanden. Dann drangen aber auch hier Badende und Sporttaucher ein und vertrieben die Tiere. Auch die Fischer waren nicht gut auf die Robben zu sprechen, da sie Fischfresser sind. Sie verfolgten und töteten sie.

Mönchsrobben kommen auch im Schwarzen Meer vor, an der Nordwestküste Afrikas, auf Madeira und auf den Kanarischen Inseln. Diese Robbenart unternimmt keine großen Wanderungen im Meer. Sie hält sich zum Fischfang vor den Küsten auf und geht dann zum Ruhen und zum Gebären an Land. Diese Ortstreue ist mit ein Grund, warum Mönchsrobben durch menschliche Störungen besonders gefährdet sind. Außerdem gibt es im ganzen Bereich des Mittelmeeres heute praktisch keine Küste und keine Insel mehr, an die der Mensch nicht mit Segel- oder Motorbooten herankommt.

Die wenigen Mönchsrobben, die es noch im Mittelmeer gibt, sind sehr scheu geworden. Während sie früher meist am Tage an sandigen Küstenstellen lagen, um sich zu sonnen, kommen sie jetzt nur mehr nachts an Land.

Die Oberseite der Mönchsrobbe ist einfarbig braun, die Unterseite gelblichweiß gefleckt und erinnert an eine Mönchskutte. Daher stammt auch der deutsche Namen dieser Robbenart. Als Fischjäger ist die Mönchsrobbe ein schneller und gewandter Schwimmer. Die gleichförmigen, spitzen Zähne im Ober- und Unterkiefer eignen sich gut, um die schlüpfrige Beute festzuhalten und zu töten. Nur sehr selten fangen Mönchsrobben auch einmal einen Seevogel.

Länge: 210–270 cm. Gewicht: 280–320 kg.
Lebensalter: etwa 25 Jahre

Die Mönchsrobbe jagt unter Wasser. Hier hat sie einen Aal erbeutet. Sehr häufig werden von ihr Fischschwärme angegriffen, zum Beispiel Makrelen. Eine ausgewachsene Robbe braucht pro Tag etwa 11 Kilo Nahrung. Die Jungtiere werden 5–6 Wochen an Land von der Mutter gesäugt, bevor sie ins Wasser gehen und selbst mit dem Fischfang beginnen.

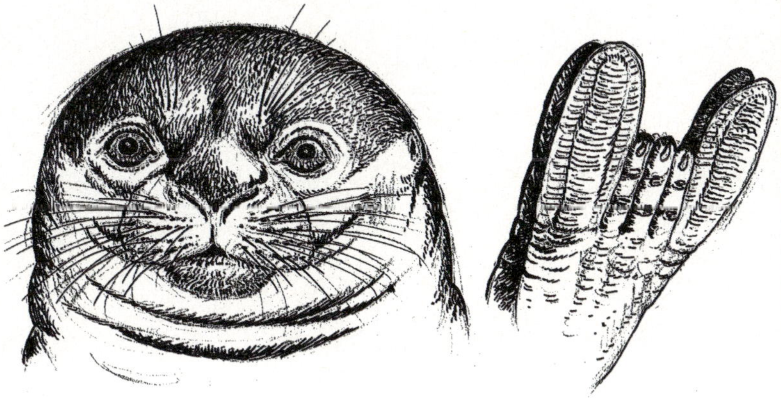

Den Mönchsrobben fehlen äußere Ohrmuscheln. Sie haben kräftige Schnurrbarthaare, einen runden Kopf und nach vorne gerichtete Augen. Rechts sind die zu Flossen umgebildeten Hinterbeine rechts und links des sehr kurzen Schwanzes gezeichnet.

Alle zwei oder drei Jahre paaren sich die Robben im Wasser. Nach einer Tragzeit von 11 Monaten wird das Junge an Land geboren. Es ist dann etwa 80 cm lang und wiegt um 22 Kilo.

Besonders die lauten und schnellen Motorboote stören die Robben und jagen sie vom Land ins Wasser, wenn sie dicht an der Küste vorbeifahren. Wiederholen sich solche Störungen zu häufig, finden die Tiere keine Ruhe mehr.

Der Dugong

Die Dugongs gehören zur Ordnung der Seekühe. Sie sind wasserlebende Säugetiere wie Wale, Delphine oder Robben und stehen in ihrer Lebensweise etwa zwischen ihnen. An Land kommen können sie nicht, dazu sind die Vordergliedmaßen zu schwach. Im seichten Wasser allerdings können sie sich besser bewegen als Wale. Tatsächlich ist der Dugong ein Bewohner der seichten Gewässer in Küstennähe und dringt auch manchmal in die Flußmündungen vor.
Früher einmal war der Dugong sehr häufig und kam vom Roten Meer bis zur afrikanischen Ostküste und bis zu den südlichen Küsten Asiens vor. Auch im Südchinesischen Meer und an der Nordküste Australiens lebten diese Tiere. Heute zählt der Dugong zu den am meisten von der Ausrottung bedrohten großen Säugetieren. Direkte Verfolgung durch den Menschen zur Fleischgewinnung und die Verschmutzung weiter Meeres- und Küstengebiete haben die Zahl der Dugongs und ihre Lebensräume stark vermindert. Trotzdem werden die Seekühe immer noch wegen ihres Fleisches und Fettes bejagt.
Im Gegensatz zu Walen und Robben halten sich die Dugongs dort auf, wo es große Wälder von Seegras und Algen gibt. Davon ernähren sie sich. Sie sind ausschließlich Wasserpflanzenfresser. Die Nahrung wird mitsamt den Wurzeln ausgerissen und gefressen. Um nicht zu viel Sand oder kleine, in den Wasserpflanzen sitzende Meerestiere mit aufzunehmen, schütteln die Seekühe ein Pflanzenbüschel gründlich durch oder lassen es für einige Zeit im Wasser treiben, bevor sie es zerkleinern und verschlucken. Die Weidegründe der Seekühe liegen meist in einer Wassertiefe von zwei Metern. Wird hier das Meer zu stürmisch oder eine Wasserströmung zu stark, dann schwimmen die Dugongs in tieferes Wasser, um nicht durch Korallenriffe oder scharfkantige Felsen verletzt zu werden.
Viele Lebensgewohnheiten der Dugongs sind noch nicht erforscht. Im Meer sind sie so scheu geworden, daß sie sofort untertauchen, wenn Menschen in die Nähe kommen, und in Gefangenschaft werden sie kaum gehalten. Neugeborene Junge können schon über eineinhalb Meter lang sein und ruhen sich manchmal auf dem Rücken der Mutter liegend aus.

Länge: 250–320 cm. Gewicht 140–200 kg.

Der Dugong frißt Wasserpflanzen, die er mit seinen fleischigen Lippen unter Wasser abweidet. Zum Luftholen taucht er auf und steckt den Kopf aus dem Wasser, manchmal auch nur die nach oben gerichteten Nasenlöcher.

Er schwimmt durch Auf- und Abschlagen der Schwanzflosse, wie Wale und Delphine dies auch tun.

Unten links ist der Schädel einer Seekuh dargestellt, unten rechts sieht man die beiden Schwanzformen, die bei Seekühen vorkommen. Der Dugong besitzt einen gegabelten Schwanz, verwandte Arten haben abgerundete Schwänze. Darunter das ganze Skelett einer Seekuh. Die hinteren Gliedmaßen fehlen.

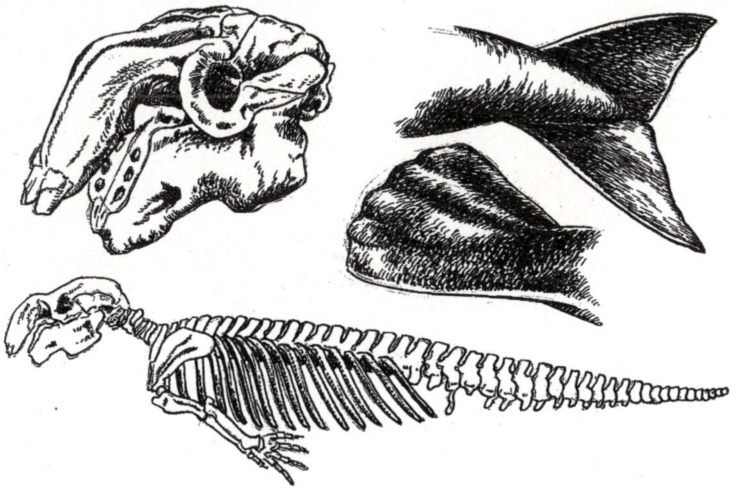

Nach einer Tragzeit von etwa einem Jahr bringt das Seekuhweibchen ein Junges zur Welt, das sich lange Zeit von der Muttermilch aus den beiden Zitzen vorne am Körper ernährt. Diese „Brüste", der rundliche Kopf der Tiere und die armähnlichen Flossen haben in früheren Zeiten wahrscheinlich bei Seefahrern die Sage von Meerjungfern entstehen lassen.

Immer noch werden Dugongs gefangen und geschossen. Hier wird einer in einem Netz an Bord gehoben. Andere verfangen sich in den Maschen großer Unterwassernetze und ersticken ganz elend, weil sie zum Atmen nicht mehr auftauchen können.

Das Löwenäffchen

Dieser kleine, zur Familie der Krallenaffen zählende, langfellige und fast rundum goldgelb gefärbte Affe hat ein sehr kleines Verbreitungsgebiet. Er kommt nur im Küstengebirge südwestlich von Rio de Janeiro vor und dort in Wäldern, die 500 bis 1000 Meter hoch liegen. Vermutlich ist das nur der letzte Rest eines ehemals weit größeren Gebietes, in dem Löwenäffchen lebten. Aber die ausgedehnten Wälder sind längst von den Siedlern Südamerikas gerodet und zu Acker- und Weideland oder Plantagen umgewandelt worden. Da die Löwenäffchen ausgesprochene Baumbewohner sind, konnten sie sich in der Kulturlandschaft nicht halten. Sie brauchen hohe Bäume, in denen sie sich am liebsten in der Wipfelregion aufhalten, springen und klettern hervorragend und können sich mit ihren kleinen Pfoten sicher im Geäst festklammern.

Die Jungen, meist zwei, sind bei der Geburt schon gut entwickelt, haben ein dichtes Fell und die Augen offen. Sie klettern sofort auf den Rücken der Mutter, klammern sich in ihren Haaren fest und lassen sich mittragen. Zum Saugen der Milch rutschen sie hinunter zu Mutters Bauch. Nach wenigen Tagen wechseln die Kinder auf den Rücken des Vaters über, der von der Geburt an sehr aufmerksam und besorgt um sie ist. Sie gehen dann nur noch zum Trinken zu der Mutter. Mit etwa 12 Tagen interessieren sich die Kleinen für ihre Umgebung und beschnuppern einzelne Dinge. Mit etwa 18 Tagen machen sie die ersten selbständigen Erkundungsausflüge, gehen aber nie weit von den Eltern fort. Und bei drohender Gefahr flüchten sie gleich wieder auf Vaters Rücken. Rund 60 Tage lang werden sie gesäugt, fressen aber auch schon weiche Früchte. Mit $2^1/_2$ Monaten sind sie dann völlig selbständig.

Nur durch strenge Schutzmaßnahmen wird es möglich sein, das Goldgelbe Löwenäffchen in seinem kleinen Verbreitungsgebiet zu erhalten, denn Brandrodung und Ackerbau engen dieses Gebiet immer mehr ein. Das Schwinden der Urwälder in weiten Teilen Südamerikas stellt eine Bedrohung für viele Tiere- und Pflanzenarten dar, die dabei entstehenden Klimaveränderungen gefährden letzlich auch den Menschen.

Kopf-Rumpflänge: um 25 cm. Schwanzlänge: um 25 cm. Gewicht: um 500 g. Lebensdauer (in Gefangenschaft): 15 Jahre.

Die Rodung der Urwälder zur Holzgewinnung, zum Straßenbau oder zur Viehzucht ist der Hauptgrund für den Rückgang vieler Tierarten. Das Goldgelbe Löwenäffchen, aber auch zum Beispiel der Wollaffe, die in Küstenähe leben, sind besonders bedroht. Hier werden vor allem viele Wälder vernichtet. Oft werden die kleinen Affen gefangen und an Zoos oder Touristen verkauft.

In der Karte Südamerikas ist das kleine Verbreitungsgebiet des Wollaffen (punktiert) und des Goldgelben Löwenäffchens eingezeichnet. Wahrscheinlich ist es bereits viel kleiner.

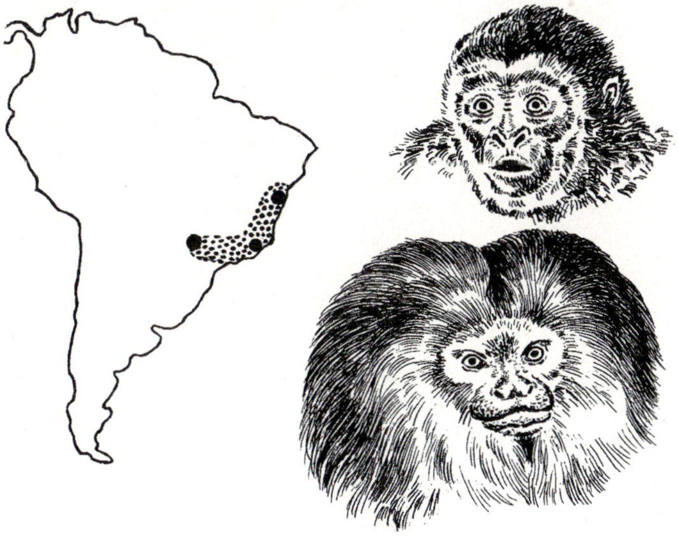

Ein junges, schon recht selbständigs Löwenäffchen klettert an einem Ast hoch und erkundet die Umgebung. Die spitzen Krallen geben ihm einen sicheren Halt. Das Fell hat in diesem Alter noch nicht die goldene Färbung der erwachsenen Tiere.

1981 gab es noch etwa 1000 Wollaffen. Sie sind ein gutes Stück größer als die Löwenäffchen, leben ebenfalls hoch in den Bäumen und können sich mit dem Schwanzende festklammern.

Der Markhor

Der Markhor ist eine Wildziege und entfernt verwandt mit dem europäischen Steinbock. Wegen ihrer schraubenförmig gewundenen Hörner wird die Art auch Schraubenziege genannt. Die Hörner stehen ziemlich gerade nach oben, anders als beim Steinbock, bei dem sie nach rückwärts gebogen sind und auch keine Schraubenform besitzen. Bei alten Männchen können diese Hörner eine Länge von 1,60 Meter erreichen, bei den Weibchen sind sie wesentlich kürzer. Die merkwürdige Hornform dürfte neben der Fleischgewinnung mit ein Grund dafür sein, daß dem Markhor von Trophäenjägern nachgestellt wurde, obwohl er in recht unzugänglichen Gebieten vorkommt. Sein Lebensraum sind die mittleren und hohen Lagen in und über der Baumgrenze der asiatischen Hochgebirge. Am liebsten halten sie sich an den Hängen tiefer Schluchten auf, zwischen vielen Felsen und Wiesen, auf denen einzelne Sträucher und gras- und krautartige Steppenpflanzen wachsen.
Im Frühjahr und Herbst wandern die Tiere in höhere oder tiefere Lagen, und es können mehrere hundert Meter zwischen den Sommerweiden und den Wintereinständen liegen. Die Brunft, die Paarungszeit, liegt im Winter. Nach sechs Monaten bringt ein Weibchen etwa zwischen Ende April und Anfang Juni ein oder zwei Kitze zur Welt. Die Jungen können kurze Zeit nach ihrer Geburt der Mutter folgen und bleiben immer dicht bei ihr.
Die Schraubenziegen sind offenbar noch bessere Springer und Kletterer im Fels als die Steinböcke. Trotz ihrer recht massig wirkenden Gestalt finden sie sich im steilen Fels ganz ausgezeichnet zurecht. In Zoologischen Gärten übersprangen Markhors zwei Meter hohe Zäune mit Leichtigkeit, entweder in freiem Sprung, oder indem sie sich kurz am Draht oben abstützten, um auf der anderen Seite herunter zu springen.
Beim Rivalenkampf prallen die Böcke mit den Hörnern gegeneinander und messen ihre Kräfte. Der schwächere, unterlegene Bock gibt aber bald auf und zieht sich zurück.

Länge: Kopf-Rumpf bei den Männchen 161–168 cm, Weibchen 140–150 cm.
Schwanz: 8–14 cm. Gewicht der Männchen: 80–110 kg, Weibchen 32–40 kg.
Lebensalter: 12 Jahre.

Eine Gruppe von Markhors im Hochgebirge. Es sind zwei Weibchen mit je einem Jungtier und ein Bock, der an den viel längeren Hörnern zu erkennen ist. Wenn die Tiere längere Zeit Gras und Kräuter geweidet haben, trinken sie und ruhen sich aus, um wiederzukäuen.

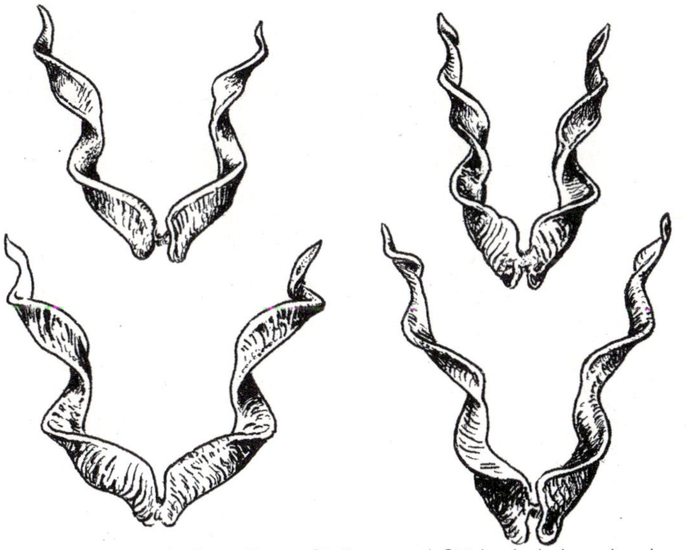

Die Hörner können in ihrer Form, Stellung und Stärke bei den einzelnen Tieren sehr unterschiedlich ausgebildet sein. Meist sind zwei oder drei Windungen vorhanden, aber das Horn wächst ständig weiter, solange das Tier lebt.

Einen großen Teil des Jahres verbringen die alten Böcke unter sich, getrennt von den Weibchen und Jungen. In der Brunftzeit suchen sie dann die Weibchenherden auf und bekämpfen sich untereinander. Sie nehmen dann kaum Nahrung zu sich.

Der Wolf gehört zu den Feinden der Markhors. Aber wenn es den Wildziegen gelingt, in die Felsen zu flüchten, können die Wölfe nicht folgen. Kleine Kitze werden auch vom Steinadler erbeutet, wenn sie sich zu weit von der Mutter entfernt haben und der Adler überraschend aus der Deckung anfliegen kann.

Der Braune Ohrfasan

Drei Arten, die sich im Körperbau sehr ähnlich sind, gibt es von den Ohrfasanen: Den Braunen, den Blauen und den Weißen. Es sind große Fasane, die im Gebirge Chinas leben. An den Kopfseiten haben alle eine rote, nackte Hautstelle. Beim Blauen und Braunen Ohrfasan ragen spitze Federbuschen seitlich am Kopf über den Nacken hinaus, und die mittleren Schwanzfedern sind gebogen und bilden lockere, haarartig aufgeschlissene Federfahnen. Es waren besonders diese Schmuckfedern, die es den Menschen angetan hatten. Jahrtausendelang benutzten chinesische Mandarine die Federn als Hutschmuck, und später wurden sie in großen Mengen nach Europa exportiert, um dort als Schmuck für Damenhüte Verwendung zu finden. Aber auch das Fleisch der Vögel war eine beliebte Speise. So wurde der Braune Ohrfasan in seiner Heimat fast ausgerottet, und auch die blaue Art ist sehr selten geworden. Zum Glück lassen sich Ohrfasane in Europa und Amerika auch in Gefangenschaft leicht züchten. Allerdings gehen hier alle Nachkommen des Braunen Ohrfasans auf nur drei Vögel zurück, die 1864 nach Paris gelangten. Durch die starke Inzucht sind bei dieser Art nur mehr wenige Eier befruchtet. Besser sieht es beim Blauen Ohrfasan aus, dessen Fortbestand außerhalb seiner Heimat durch gute Zuchtstämme gesichert ist.

Der Braune Ohrfasan lebt in China vorwiegend in den oberen Zonen der Bergwälder. Seine Nahrung, Pflanzen, Insekten und andere Kleintiere, sucht er sich am Boden und benutzt dabei seinen kräftigen Schnabel zum Aufreißen und Aufhacken des Erdreichs. Nachts läßt er sich hoch in den Bäumen nieder und schläft hier, von Feinden besser geschützt als am Boden. Ohrfasane fliegen nicht gerne, aber es sind schnelle Läufer, die immer zunächst versuchen, einem Feind zufuß zu entkommen. Ohrfasane leben in Paaren. Männchen und Weibchen sehen übrigens gleich aus. Ein balzender Hahn umkreist seine Henne, läßt den ihr zugewendeten Flügel am Boden schleifen und breitet den Schwanz zu ihr hin aus. Der Revierruf des Hahns klingt wie ein sehr lautes, heiseres Krrah-Krrrah-Kraaah.

Kopf-Rumpflänge: 50 cm. Schwanzlänge: 47–58 cm. Gewicht: 1,5–2 kg.

Auf diesen drei Bildern ist ein ganz anderer Vogel abgebildet: Das Präriehuhn. Einst lebte es in großer Zahl auf den Prärien Nordamerikas. Heute sind nur mehr wenige übriggeblieben. Bei der Balz bläht der Hahn gelbgefärbte Hauttaschen am Hals auf und stellt die Federohren senkrecht. Damit will er den Hennen imponieren. Die Balz findet am Boden statt, und meist sind mehrere Männchen auf einem Balzplatz zusammen.

Zwei Köpfe anderer Hühnervögel: links ein Rot-Satyrhuhn aus den Gebirgswäldern des Himalaja und rechts ein Temminck-Satyrhuhn, das in den Regenwäldern der Gebirge Nordost-Assams lebt.

Die Eier des Temminck-Satyrhuhns können in der Farbe und Schalenstruktur unterschiedlich ausfallen. Sie werden in alte Krähennester gelegt, oder die Hühner bauen selbst ein Baumnest, was gerade für Hühnervögel recht ungewöhnlich ist.

Wegen seines außerordentlich farbenprächtigen Federkleides wurde das Temminck-Satyrhuhn sehr stark verfolgt und ist äußerst selten geworden. Es kommt in Höhen bis zu 4000 m vor.

Der Kalifornische Kondor

In früherer Zeit erstreckte sich das Verbreitungsgebiet dieses großen Vogels über ganz Nordamerika von Britisch-Kolumbien bis nach Florida. In den Jahren zwischen 1970 und 1975 lebten vielleicht noch 40 oder 50 Kondore in den Bergen Südkaliforniens. Inzwischen gibt es keine freifliegenden mehr. Die letzten Vögel wurden eingefangen, und in Gefangenschaft soll nun versucht werden, sie zur Fortpflanzung zu bringen, um das endgültige Aussterben der Art zu verhindern. Es ist sehr zweifelhaft, ob dies gelingen wird.

Der Kalifornische Kondor ist, wie sein naher Verwandter, der Anden-Kondor, ein reiner Aasfresser, der sich vom Fleisch verendeter größerer Tiere ernährt. In den früher höchstens von Indianern bewohnten Weiten Nordamerikas lebten Büffel, Elche und viele andere Tiere in großen Mengen. Mit der Besiedlung durch die Weißen wurden es bald weniger. Zwar kamen dafür die Haustiere, also Rinder, Pferde oder Schafe, ins Land, und wenn sie auf den Weiden eingingen, konnten sich die Kondore auch von ihnen ernähren. Mit den sich ständig verbessernden Haltungsbedingungen für die Haustiere nahm auch deren Sterblichkeitsrate ab, und zu irgendeiner Zeit wurde damit die Nahrung für den Kalifornischen Kondor knapp. Natürlich wurde er auch von den Weißen gejagt. Viele Kondore vergifteten sich an Ködern, die mit Strychnin versetzt waren, um Schakale und Wölfe zu vernichten. So sank ihre Zahl rasch, und die Zahl der nachwachsenden Jungen reichte nicht aus, diese Verluste wettzumachen. Ein Kondorweibchen legt nur jedes zweite Jahr ein einziges Ei, denn zwei Jahre benötigt der Jungvogel die Fürsorge seiner Eltern. Wann er schließlich selbst geschlechtsreif wird, ob im Alter von sechs Jahren oder noch später, ist bisher noch nicht genau bekannt.

Auf der Suche nach verendeten Tieren legten die Kondore große Strecken fliegend zurück. Bis zu 80 Kilometer am Tag konnten sie am Himmel segeln, begünstigt durch Aufwinde und nach Nahrung Ausschau halten.

Länge: 115 cm. Spannweite: etwa 290 cm. Gewicht: 8–10 kg.
Lebensdauer: etwa 40 Jahre.

Der Kalifornische Kondor ist ein ausgezeichneter Segelflieger, der warme Aufwinde auszunützen weiß und lange Strecken ohne einen Flügelschlag zurücklegen kann. Wo sich viele Tiere aufhalten, etwa eine Rinderherde, verweilt der Kondor besonders lange. Hier sind die Chancen, ein totes Tier zu finden, besonders günstig. Am Abend kehrt der Kondor zu seinem Schlafplatz in den Felsen zurück.

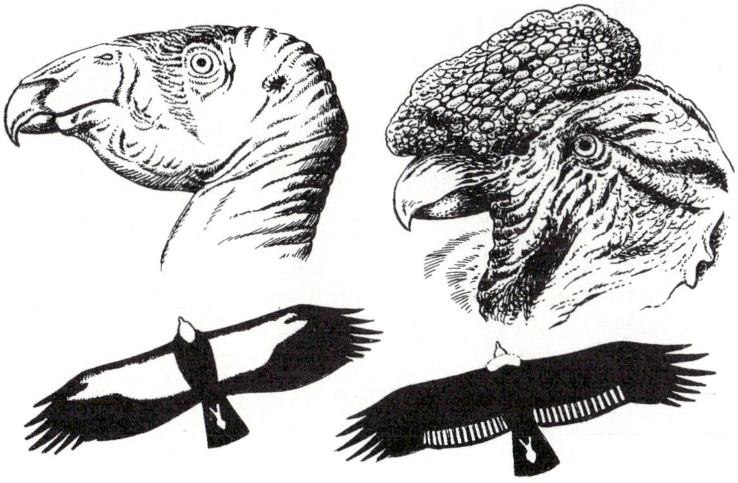

Kopf und Flugbild des Kalifornischen Kondors und der verwandten Art, des Anden-Kondors, unterscheiden sich deutlich. Der Anden-Kondor besitzt einen nackten fleischigen Wulst auf der Stirne.

Ein Kalifornischer Kondor hat sich an einem toten Rind sattgefressen und sitzt nun träge neben ihm, während die Sonne schon nahe am Horizont ist. Mit vollem Magen und Kropf fällt dem Vogel das Auffliegen vom Boden schwer.

Die Jagd auf den Kondor, solange er noch nicht geschützt war und später die Wilderei einzelner Vögel, hat ihren Beitrag zum Verschwinden der Art in Freiheit geleistet. Auch Eier wurden immer wieder geraubt. Denn je seltener eine Tierart wird, um so begehrter ist sie bei skrupellosen Sammlern.

Der Beutelwolf

Ob es den größten Raubbeutler, der einst in Australien und bis in die dreißiger Jahre auf der im Norden liegenden Insel Tasmanien gelebt hat, noch gibt, ist eine offene Frage.
Das Beuteltier von hundeähnlicher Gestalt ist auf dem australischen Festland schon vor längerer Zeit verschwunden, vielleicht verdrängt durch die Wildhunde, die Dingos, die von den Ureinwohnern dorthin gebracht wurden. Auf Tasmanien machten die weißen Siedler, besonders die Schafzüchter, Jagd auf den Beutelwolf, weil er den Schafen nachstellte. Bevor Tasmanien durch den weißen Mann besiedelt wurde, ernährte sich der Beutelwolf von Känguruhs und anderen Beuteltieren, vermutlich auch von verschiedenen Reptilien. Genaues weiß man nicht, denn solange es genügend Beutelwölfe gab, machte sich keiner die Mühe, diese Tiere im Freiland zu beobachten. Einige kamen lebend in Zoologische Gärten, wurden dort mit Rind- und Pferdefleisch ernährt und überlebten auch einige Jahre. Das letzte Paar gelangte 1902 in den Berliner Zoologischen Garten.
Ein Beutelwolfweibchen konnte in einem Wurf bis zu vier Junge haben, die zunächst etwa vier Monate in dem sich nach hinten öffnenden Beutel am Bauch der Mutter verbrachten. Dann wurden sie in einem Versteck abgelegt, und wenn sie richtig laufen konnten, begleiteten sie die Mutter auf der Jagd.
Die letzte, offenbar wahre Kunde über noch lebende Beutelwölfe im Nordwesten Tasmaniens stammt aus dem Jahr 1966. Dort wurden Fußspuren und Haare einer Beutelwölfin mit Jungen entdeckt, die einige Zeit einen alten Ofen als Schlafplatz benutzt hatte. Fangen ließ sie sich nicht, aber die Spuren und Haare schienen ein sicherer Beweis zu sein. Dennoch sind die Aussichten gering, daß der Bestand an Beutelwölfen wieder zunehmen kann, denn wenn tatsächlich noch einige leben, dann nur in waldigen Bergregionen. Dort aber finden sie wenig Beutetiere, wie etwa Känguruhs, die in offenem Gelände zuhause sind.

Kopf-Rumpflänge: 100-110 cm. Schwanzlänge: etwa 50 cm. Lebensdauer in Gefangenschaft: 8 Jahre und 4 Monate.

Hier sind einige weitere Beuteltiere abgebildet, zum Beispiel der Tüpfelkuskus, links eine braune Farbspielart, rechts eine weiße. Es gibt auch noch andere Fellfärbungen. Kuskuse sind Baumtiere, die nachts munter werden und sich von kleinen Tieren ernähren.

Der Schädel eines Beutelwolfs mit dem raubtierähnlichen Gebiß. Das Maul konnte sehr weit aufgerissen werden. Daneben oben eine Hinterpfote, unten eine Vorderpfote.

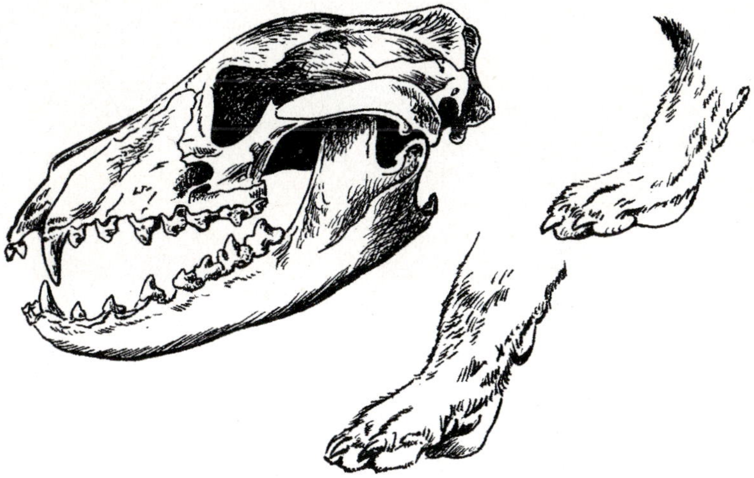

Der Schuppenschwanzkuskus, ein eichhörnchengroßer Kletterbeutler, ist auch nachtaktiv. Bisher sind nur ganz wenige Tiere gesehen worden. Alle Kuskuse wurden früher wegen ihres Fells gejagt.

Der Hörnchen-Kletterbeutler galt bis 1960 als ausgestorben, bis man in diesem Jahr einen kleinen Bestand wiederentdeckte und die Gegend zum Schutzgebiet erklärte. Er erinnert in seiner Lebensweise an Eichhörnchen.

Der Ozelot

Die meisten Menschen kennen den Ozelot vermutlich nur in Form einer Pelzjacke oder eines Pelzmantels. Eben wegen dieser Mode ist die etwa ein Meter große Wildkatze aus den Waldgebieten Mittel- und Südamerikas in vielen Gegenden selten geworden. Über die Zahl der Tiere in ihren Heimatgebieten weiß man nur ungenau Bescheid. Sie leben im dichten, feuchten Dschungel, aber auch in trockenen Buschzonen, aber stets sehr heimlich und verborgen. Die einheimischen Jäger wissen sie dennoch zu finden und stellen ihnen überall nach, weil das Fell nach wie vor ein begehrtes Objekt ist und Geld einbringt.

Der Ozelot klettert recht gut, aber er ist in den Bäumen nicht besonders geschickt. Stammabwärts rutscht er immer mit dem Kopf nach oben und dreht sich erst um, wenn er herunterspringen kann. So jagt er auch hauptsächlich seine Beute am Boden. Sie besteht aus allen möglichen kleineren Tieren, wie Ratten, Meerschweinchen, Agutis und Affen. Aber auch Vögel, Echsen und wirbellose Tiere frißt der Ozelot.

Ein Ozelotweibchen bekommt nach einer Tragzeit von etwa 70 Tagen zwei bis vier Junge. Die Jungen können in den Tropen rund um das Jahr geboren werden. Wenn sie von Menschen von klein an mit der Hand aufgezogen wurden, bleiben sie sehr zahm und anhänglich. Allerdings eignen sie sich kaum für eine Wohnung, denn sie riechen streng und markieren durch Harnspritzen ihre Umgebung.

Lange Zeit wußte man über das nächtliche Leben der Ozelots kaum Bescheid. Erst nachdem einige Tiere mit einem kleinen Sender an einem Halsband ausgestattet worden waren, ließen sich ihre Aktivitäten, die Wanderungen und die Ruheplätze bestimmen. Beobachtungen in Peru zum Beispiel ergaben, daß das Wohngebiet eines Ozelots zwischen 1,6 und 8 Quadratkilometer groß ist. Die Größe des Gebiets hängt vor allem von dem Angebot an Beutetieren ab. Jeder Ozelot hat offenbar mehrere geschützte Plätze im Dickicht, an denen er sich ausruht und schläft.

Kopf-Rumpflänge: 65-100 cm. Schwanzlänge: 30-45 cm. Gewicht: um 12 kg.

Die Langschwanzkatze, die auch Baumozelot genannt wird, sieht dem Ozelot sehr ähnlich. Die Felle beider Arten sind nur sehr schwer zu unterscheiden. Aber der Baumozelot klettert wesentlich besser und kommt stets mit dem Kopf voran einen Baumstamm herunter. Hier begegnet er einem Ameisenbär, zieht sich aber zurück, nachdem dieser ihn bedroht, denn die scharfen Krallen des Ameisenbären sind gefährliche Waffen.

Die Verbreitungsgebiete des Ozelots und der Langschwanzkatze sind fast gleich. Sie liegen in Mittel- und Südamerika. Auf der Zeichnung des Kopfes eines Ozelots sind die dolchartigen Eckzähne zum Töten der Beute zu erkennen.

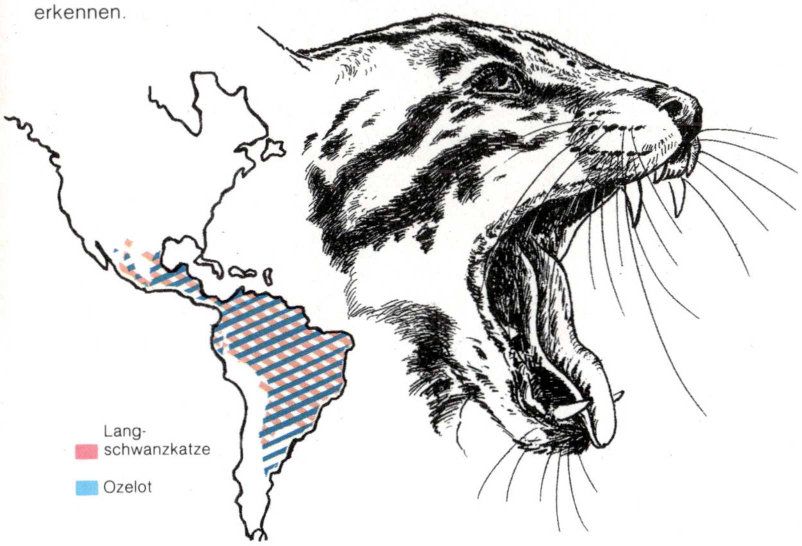

Junge Ozelots sind verspielt wie andere Katzenkinder auch. Sie üben sich schon früh im Fangen von Beute, und wenn es nur ein Schmetterling ist, der hier von einem kleinen Ozelot mit der Tatze festgehalten wird.

Ozelots fressen neben Säugetieren und Vögeln auch kaltblütige Tiere. Dieser Ozelot beobachtet einen Fisch, der unter dem Baumstamm im Wasser steht.

Der Kaiseradler

In den Wäldern aber auch in baumarmen Steppen war früher der Kaiseradler von den Mittelmeerländern bis zum Balkan und zur Westmongolei weit verbreitet. Hier ist die spanische Rasse dargestellt, bei der die hellen, fast weißen Schulterflecken besonders stark ausgeprägt sind. Der Kaiseradler ist etwas kleiner als der Steinadler, der in den Alpen zuhause ist, hat schwächere Fänge und wirkt etwas plumper und schwerfälliger.
Heute leben im europäischen Verbreitungsgebiet vielleicht noch zweihundert Paare dieses schönen Vogels. In Spanien gab es um 1980 noch etwa 60–70 Paare, heute sind es nur mehr 30–40. Der Rückgang des Kaiseradlers hat, wie meist, verschiedene Ursachen. Zum einen wurde er bejagt und abgeschossen. Es erging ihm damit nicht anders, als vielen großen Greifvögeln. Zum anderen nehmen die Vögel mit ihren Beutetieren Gifte auf, Pestizide, die überall in der Landwirtschaft verwendet werden. Die Altvögel können mit diesen Giften durchaus einige Zeit leben, aber auf Eier und Junge wirken sich die Schäden aus. So werden Eischalen dünn und zerbrechen während der Brutzeit. Oder die Jungen schlüpfen geschwächt und verkrüppelt und gehen nach kurzer Zeit ein. Der Kaiseradler jagt vor allem kleinere Säugetiere, wie Ratten, Eichhörnchen und Kaninchen. In Spanien stellten Kaninchen und Schlangen die Hauptbeute, aber durch eine Viruskrankheit, die Myxomatose, gehen jedes Jahr zahlreiche Kaninchen zugrunde, und für die Adler nimmt das Nahrungsangebot ab. Schließlich verunglücken die Adler auch an den Drähten der vielen Hochspannungsleitungen, die das Land überall durchziehen.
Ein Kaiseradlerpaar baut seinen Horst, der viele Jahre lang benützt wird, wenn die Vögel am Leben bleiben, in den Waldinseln der Steppen, in Auwäldern oder auf einzeln stehenden alten Bäumen. Das Weibchen legt jeweils zwei bis drei kalkweiße Eier und bebrütet sie im April und Mai. Wenn die Jungen geschlüpft sind, bleiben sie neun bis zehn Wochen im Nest. Dann sind sie flugfähig und wandern, oft mit dem Elternpaar, bis nach Mittelafrika, um dort den Winter zu verbringen.

Länge: 79–84 cm. Spannweite: 185–205 cm (Männchen), 200–215 cm (Weibchen). Gewicht: 3–3,5 kg.

Während das Weibchen am Horst sitzt und das Junge mit seinem Körper wärmt, hat das Männchen eine Elster erbeutet und bringt sie herbei. Gleich darauf streicht es wieder ab, und das Weibchen zerteilt die Beute und verfüttert kleine Brocken an das Junge.

Unten links sind die weißen Stellen am Flügelbug eines Altvogels dargestellt, darunter der Schwanz mit der dunklen Endbinde. Rechts daneben der Kopf eines Kaiseradlers mit dem hakenförmigen Oberschnabel.

Ein Kaiseradler streicht mit einem Zweig in den Fängen zu seinem Horst, um ihn auszubauen und zu festigen. Die Nestmulde, in der die Eier und später die Jungen liegen, wird mit weicherem Material ausgepolstert.

Seltener als Säuger erbeutet der Kaiseradler Vögel. Doch hier hat er ein Rothuhn überrascht und mit seinen dolchartigen, spitzen Krallen getötet.

Der Schreikranich

Früher einmal war der Schreikranich, die größte Kranichart Nordamerikas, in weiten Teilen des Landes verbreitet, aber 1965 lebten nur noch vierundvierzig dieser Vögel im Norden Kanadas. Sie wurden unter strengsten Schutz gestellt. Von ihrem Brutgebiet, dem Wood-Buffalo-Nationalpark in Kanada, wandern die Schreikraniche jeden Herbst über 4000 Kilometer an die Küste von Texas, um dort zu überwintern. Im Frühjahr fliegen sie die gleiche Strecke wieder nach Norden. Natürlich sind sie auf dieser langen Reise allerlei Gefahren ausgesetzt, besonders die Drähte von Hochspannungsleitungen stellen eine große Bedrohung dar. Fliegen die Kraniche zwischen den Drähten hindurch, bei stürmischem Wetter oder Nebel etwa, berühren sie durch ihre große Spannweite der Schwingen nicht selten zwei Drähte und werden dann durch einen Stromschlag getötet. Oder sie brechen sich den Hals, die Flügel oder ein Bein beim Zusammenprall mit einem Draht. Verletzte, aber noch lebende Kraniche werden in einen Zoo gebracht und dort, wenn möglich, gesund gepflegt.

Im Überwinterungsgebiet in Texas warten jedes Jahr die Vogelkundler auf die Ankunft der großen, weißen Vögel mit dem roten Kopf und zählen sie, um zu erfahren, ob ihre Zahl zu- oder abgenommen hat.
Der Schreikranich, der seinen Namen wegen seines besonders lauten Rufes hat, lebt in Einehe. Das Weibchen legt jedes Jahr zwei Eier in ein Nest am Boden. Die Jungen, die ein dichtes Dunengefieder tragen, bevor die richtigen Federn wachsen, können das Nest wenige Stunden nach dem Schlüpfen verlassen und langsam mit den wachsamen Eltern umherwandern. Dies ist eine gefährliche Zeit für die Kleinen, denn trotz der Größe der Eltern und deren Wachsamkeit können sie allen möglichen räuberischen Tieren zum Opfer fallen. Immerhin scheint der Bestand inzwischen gerettet, aber irgendeine Katastrophe kann ihn sehr schnell endgültig vernichten.

Länge: 125 cm. Spannweite: 225 cm. Lebensdauer in Gefangenschaft: 25 Jahre.

Auf dem Zug nach Süden im Herbst und nach Norden im Frühjahr fliegen die Schreikraniche gemeinsam. Sie bilden häufig eine Keilformation, wobei der an der Spitze fliegende Vogel von Zeit zu Zeit durch einen anderen abgelöst wird. Tagsüber lassen sich die ziehenden Vögel mit einem Fernglas gut beobachten und zählen. Am Abend fallen sie zur Nahrungssuche auf einer freien Fläche ein.

Ein junger Schreikranich im Dunenkleid. Er hat sich auf seine Läufe niedergelassen und ruft nach den Eltern. Rechts oben der Kopf eines Altvogels und darunter sein Fuß.

Das Bodennest der Kraniche ist häufig rundum von Wasser umgeben, um für Bodenfeinde den Zugang zu erschweren. Die beiden Eier sind olivgrün gefärbt und werden abwechselnd von den Eltern bebrütet.

Im Frühjahr, zur Balzzeit, führen die Kraniche eigenartige Tänze auf, springen mit ausgebreiteten Schwingen in die Luft und laufen umeinander herum, wobei sie sich verneigen oder Ästchen vom Boden aufheben und in die Luft werfen. Dabei rufen sie laut, und die trompetenartigen Rufe sind über weite Entfernungen zu hören.

Der Waldrapp

Der Waldrapp, ein Ibisvogel mit dunklem Gefieder, war bis in das siebzehnte Jahrhundert hinein in Europa heimisch. Es gab Kolonien dieser Vögel an Felswänden in der Nähe Salzburgs, bei Graz, bei Passau oder bei Kelheim an der Donau. Sie bauten hier ihre ziemlich großen Nester auf quer verlaufenden Bändern im Fels. Die Menschen damals nannten den Vogel Waldrabe oder eben Waldrapp, weil er fast schwarz war wie ein Rabenvogel. Aber die Federn haben einen schönen grünlich oder rötlichblau irisierenden Glanz. In Europa ist diese Vogelart vermutlich bereits in der ersten Hälfte des 17. Jahrhunderts ausgerottet worden, jedenfalls liegen von späteren Zeiten keine Berichte oder Beschreibungen des Waldrapps mehr vor. Vermutlich wurden die Nester von den Menschen geplündert, Altvögel und Junge galten als Lekkerbissen, und die Eier haben wahrscheinlich auch nicht schlecht geschmeckt.

Fast zwei Jahrhunderte galt die Art überhaupt als ausgestorben, bis im Jahre 1832 Naturforscher am Roten Meer einen „Schopfibis“ entdeckten. Später fand man ihn auch in Nordafrika und 1879 in Birecik am oberen Euphrat. Doch erst 1897 stellte man fest, daß es sich bei diesem Schopfibis in Wirklichkeit um den Waldrapp handelte. In Birecik nisten heute nur mehr wenige Paare, und es ist fraglich, ob sich die kleine Kolonie erhalten wird.

Wenigstens gelingt es in Zoologischen Gärten, etwa in Innsbruck, Heidelberg und Berlin, den Waldrapp in Gefangenschaft zu züchten.

Obwohl der Waldrapp in Birecik von den Einheimischen verehrt wird und als Frühlingsbote gilt, wenn er Mitte Februar aus den weiter im Süden gelegenen Winterquartieren zurückkehrt, ihm also dort nichts geschieht, vergrößert sich die Brutkolonie nicht. Vielleicht sind auch hier Pestizide schuld daran, die von den Vögeln über die Nahrung aufgenommen und auch an die Jungen weitergegeben werden. Waldrappe ernähren sich von Insekten, Spinnentieren und Würmern, sowie von kleinen Echsen, Lurchen und Fischen. Die Brutdauer beträgt 28 Tage. Die Jungen bleiben etwa 48 Tage im Nest.

Länge: 70–80 cm. Spannweite: 125–135 cm Gewicht: 1–1,5 kg.

In ihrer Brutkolonie in Birecik lassen sich die Waldrappe ganz aus der Nähe beobachten. Sie sind nicht scheu, weil ihnen durch die Menschen hier nichts geschieht. Nur wenn Touristen direkt in die Kolonie klettern, um bessere Aufnahmen machen zu können, bedeutet dies eine erhebliche Störung.

Alle Ibisarten haben einen mehr oder weniger kahlen Kopf und einen gebogenen Schnabel. Ganz links der Kopf eines Waldrapps, rechts davon der eines sehr seltenen Japanischen Ibis. Darunter ein Ibisfuß mit der gut entwickelten hinteren Zehe. Es ist ein typischer Schreitvogelfuß.

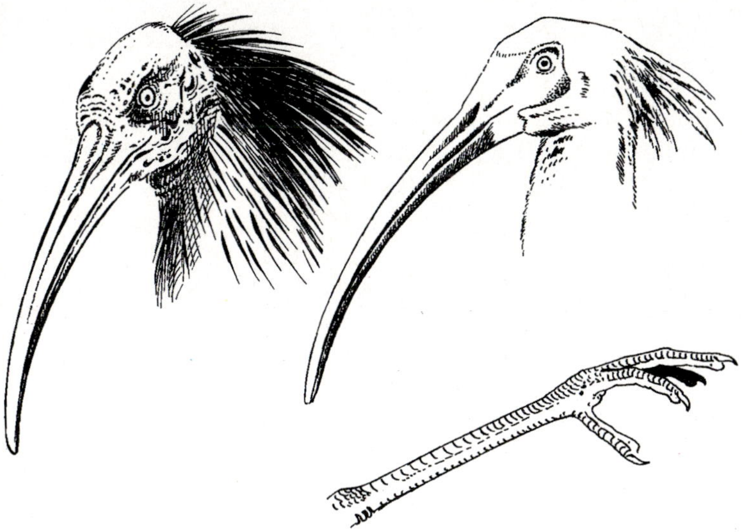

Junge Waldrappe in ihrem Nest aus Zweigen und trockenem Gras. Sie tragen ein dichtes, grauschwarzes Dunenkleid.

Der Japanische Ibis ist bis auf ganz wenige Vögel in freier Wildbahn verschwunden. Einige leben noch in Zoos. Es ist ein fast reinweißer Ibis mit rötlichen Beinen und einer ebenso gefärbten Stirn.

Der Trompeterschwan

Wohl jeder kennt den Höckerschwan, diesen großen, weißen Wasservogel mit dem geschwungenen, langen Hals, der auf Teichen und Seen lebt und in weiten Teilen Europas vorkommt. Seltener schon sieht man den Singschwan, der von Nordeuropa bis Asien verbreitet ist und an den Küsten der Nord- und Ostsee, aber auch im nördlichen Binnenland vor allem im Winterhalbjahr auftaucht.
Eine Unterart dieses Singschwans, eben der Trompeterschwan, lebt in Nordamerika und war dort einmal sehr häufig. Er ist der schwerste aller Schwäne mit einem Gewicht von $13^1/_2$ Kilo und zählt zu den größten, flugfähigen Vögeln. Wieder einmal waren es die weißen Einwanderer, die dem Trompeterschwan so intensiv nachstellten, daß er zu Beginn des zwanzigsten Jahrhunderts fast vor der Ausrottung stand. Sein Fleisch wurde geschätzt, aber auch seine Federn fanden in der Hutindustrie und für andere Modeerscheinungen Verwendung. Endlich wurde der Trompeterschwan 1918 in Nordamerika unter Schutz gestellt, sein Abschuß wurde gesetzlich verboten, und in zwei großen Schutzgebieten konnte er sich ungestört vermehren. Inzwischen gibt es wieder ungefähr 3000, so daß für diese Unterart keine akute Gefahr mehr droht, endgültig von der Erde zu verschwinden. Wie alle Schwanenarten schließen auch die Trompeterschwäne eine Dauerehe. Das Paar bleibt immer zusammen. Im Frühjahr wird, am häufigsten in dichten Schilfbeständen, ein recht umfangreiches Nest aus Schilfstengeln und anderen, in der Nähe erreichbaren Wasserpflanzen gebaut. Die drei bis fünf kalkigweißen Eier bebrütet nur das Weibchen, während das Männchen in der Nähe Wache hält. Durch ihre Größe sind die Schwäne gute Wächter für ihre Brut und oft streitsüchtige Verteidiger ihres Reviers. Das ist nicht immer zum Vorteil anderer Wasservögel, die in der Nähe nisten wollen. Aber selbst dem Menschen kann ein wütendes Schwanenpaar, das Gelege oder kleine Junge verteidigen muß, durchaus gefährlich werden. Wenn die Jungen schlüpfen, besitzen sie ein weißlich-graues Dunenkleid, gehen nach wenigen Stunden auf das Wasser und folgen schwimmend den Eltern. Wasserpflanzen vor allem sind die Nahrung der Schwäne.

Länge: 150-165 cm. Spannweite: 240 cm. Gewicht: $13^1/_2$ kg.

Wenn die großen, schweren Schwäne von der Wasserfläche auffliegen wollen, müssen sie zunächst eine Strecke über das Wasser „laufen“, unterstützt von kräftigen Schwingenschlägen. Erst dann bekommen sie die ausreichende Geschwindigkeit und können richtig mit den Flügeln nach unten durchschlagen, um sich in die Luft zu erheben. Im Flug erzeugen die Schwingen ein pfeifendes Geräusch, das man ziemlich weit hören kann. Der lange Hals ist dabei weit nach vorne gestreckt.

Der Trompeterschwan besitzt einen schwarzen Schnabel, der glatt in die Stirnregion übergeht. Beim Höckerschwan (unten rechts) ist der Schnabel gelb. Am Stirnansatz liegt ein schwarzer Hauthöcker, der dem Vogel den deutschen Namen gegeben hat. Zwischen den drei vorderen Zehen liegen Schwimmhäute, die den Schwan im Wasser beim Paddeln mit den Beinen vorantreiben. Die Hinterzehe dagegen ist klein und hat keine besondere Funktion.

Ein Schwanenkind ist hier bereits geschlüpft und trocken geworden. Sein Körper ist rundum mit dichten, weißlichen Dunenfedern bedeckt. Ein zweites Junges ist eben dabei, sich aus dem Ei zu befreien. In dieser Zeit des Schlüpfens verläßt das Weibchen nie das Nest, es sei denn, es muß vor einer nahenden Gefahr, gegen die es sich nicht wehren kann, fliehen.

An Land sind Schwäne eher unbeholfen. Sie können nur schwerfällig schreiten und halten sich auch fast stets in Wassernähe auf. Aber zum Ruhen und Sich-Putzen kommen sie gerne an Land und auch, um die noch kleinen Jungen zu hudern und zu wärmen.

Der Eskimo-Brachvogel

Noch um die Mitte des letzten Jahrhunderts zogen unglaublich große Schwärme des Regenbrachvogels von den Brutgebieten im hohen Norden Kanadas bis nach Argentinien, ganz im Süden Südamerikas. Zehntausend Kilometer legten die Vögel dabei zurück, und im Frühjahr flogen sie die gleiche Strecke wieder in umgekehrter Richtung.

Wo immer die Scharen der Brachvögel über dem nordamerikanischen Land auftauchten, wurde aus allen Rohren das Feuer auf sie eröffnet. Man schoß sie aus der Luft und am Boden auf ihren Rast- und Nahrungsplätzen. Viele wanderten in die Kochtöpfe, oft aber wußte man gar nicht, wohin mit all den toten Vögeln und ließ sie einfach liegen und verfaulen.

Durch diese Massenverfolgung war der Eskimo-Brachvogel um 1929 schließlich verschwunden. Es gab keine Massenzüge mehr, aber auch einzelne Vögel oder kleinere Trupps wurden nicht mehr beobachtet.

Und doch mußten einige wenige Eskimo-Brachvögel überlebt haben. 1959 und in den Jahren darauf wurden einzelne Vögel im Süden der Vereinigten Staaten von Nordamerika beobachtet, und schließlich entdeckte man 1976 zwei der Brachvögel in einem sumpfigen Gelände im Brutgebiet. Weitere sichere Beobachtungen fanden 1980 und 1987 statt, aber immer handelte es sich nur um ein bis drei Eskimo-Brachvögel, die an einem Ort zusammen auftauchten. Die Art existiert also wohl noch, aber ob der geringe Bestand ausreicht, um ihr Überleben auf die Dauer zu gewährleisten, ist mehr als fraglich.

Brachvögel gehören zur Familie der Schnepfenarten, die sich unter anderem durch relativ lange, kräftige Beine und lange Schnäbel auszeichnet. Es sind Vögel, die sehr gut fliegen können, die aber ihr Nest am Boden, im Gras oder im krautigen Bewuchs anlegen und auch ihre Nahrung am Boden suchen. Hauptsächlich werden Würmer, Spinnen und Insekten gefressen. Mit dem langen, etwas gebogenen Schnabel können die Brachvögel im lockeren Erdreich stochern. Die Jungen sind Nestflüchter und folgen den Eltern wenige Stunden nach dem Schlüpfen.

Länge: um 30 cm.

In früheren Zeiten konnte ein Schwarm von einigen tausend Eskimo-Brachvögeln auf seiner Wanderung in einem feuchten Wiesengelände einfallen, um hier nach Nahrung zu suchen. Die Luft war dann erfüllt von den melodischen, pfeifenden Rufen der Vögel. Die Scharen der Jungvögel, die im Frühjahr geschlüpft und im Sommer herangewachsen waren, zogen zuerst aus dem Brutgebiet ab. Wenig später folgten ihnen die Altvögel.

Die Schnäbel der einzelnen Brachvogelarten weisen eine unterschiedliche Länge auf. Ganz oben der besonders lange Schnabel des Großen Brachvogels, der auch in Europa brütet. Links darunter der Schnabel des Sibirischen Brachvogels und rechts davon der des Eskimo-Brachvogels. Darunter ist rot das Brutgebiet des Eskimo-Brachvogels und blau das des Sibirischen Brachvogels umrissen.

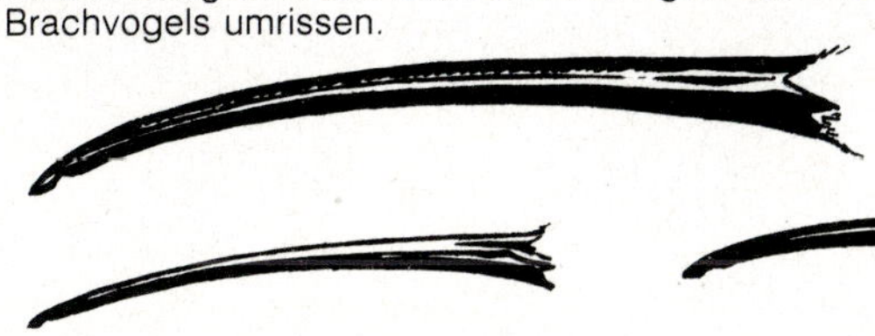

Nähert sich ein Feind dem Nest oder den Jungen des Eskimo-Brachvogels, dann versuchen die Eltern ihn abzulenken und fortzulocken, indem sie sich flügellahm stellen. Viele bodenbrütende Vogelarten zeigen dieses Verhalten, auf das tatsächlich Füchse, Marder und andere Räuber hereinfallen. Sie versuchen den „lahmen" Vogel zu fangen, der aber im letzten Moment fortfliegt, und werden vom Nest oder den Jungen abgelenkt.

Der Sibirische Brachvogel ist auch bereits sehr selten geworden, aber einige hundert gibt es wohl noch. Er brütet in Westsibirien und überwintert in Marokko.

Die Korallenmöwe

Die Korallenmöwe gehört zu den seltensten Möwenarten der Erde. Ihr kleines Verbreitungsgebiet erstreckt sich auf einige Inseln des Mittelmeers. Sie ist etwas größer als die recht häufige Lachmöwe, die in Mitteleuropa ihre Brutkolonien an Seen und Teichen errichtet, und die besonders im Winter auch in die Großstädte kommt und sich hier füttern läßt.
Vermutlich war die Korallenmöwe nie sehr häufig, aber sie war in weiten Teilen des Mittelmeers zuhause, etwa auf einigen griechischen Inseln, auf Zypern, auf Inseln vor Spanien, Italien und Algerien oder auf Korsika. 1950 brüteten auf Korsika noch 63 Paare, 1974 waren es nur noch zwei. Die größte Brutkolonie mit rund dreitausend Paaren befindet sich auf einer Insel im Mündungsgebiet des Moulouya, eines Flusses im Nordosten Marokkos.
Wie die Mönchsrobbe (Seite 14/15) ist auch die Korallenmöwe vor allem durch die Zunahme des Tourismus gefährdet, weil der Mensch heute auch auf sehr entlegene Inseln kommt. Wenn die Möwen brüten und dann gestört werden, verlassen sie ihre Gelege, die Eier kühlen entweder aus oder sie überhitzen in der prallen Sonne, so daß die Embryonen absterben. Auch die frischgeschlüpften Jungen sind durch direkte und intensive Sonneneinstrahlung über längere Zeit bedroht und können sterben. Die Brutplätze alle zu überwachen, ist sehr schwierig, und nur ein striktes Betretungsverbot der Inseln und Küstenstreifen, auf denen die Korallenmöwe noch brütet, könnte den Vögeln auf die Dauer helfen, zu überleben.

Die Korallenmöwe ist ein sehr ausdauernder und kraftvoller Flieger. Nach der Brutzeit verläßt sie den Mittelmeerraum, um an die afrikanischen Küsten und manchmal bis südwärts in den Senegal zu ziehen.
Möwen ernähren sich von allen möglichen Dingen, sie nehmen Fische und andere Meerestiere, verschmähen aber auch Aas nicht, das an die Ufer geschwemmt wird, und wenn sie Eidechsen oder Frösche erbeuten können, verschlingen sie diese ebenfalls.

Länge: 50 cm. Spannweite: 115–130 cm. Gewicht: etwa 500 g.

Mit kraftvollen Flügelschlägen und eingelegten Segelphasen sucht eine Korallenmöwe das Wasser unter sich nach Nahrung ab. Wenn sie zum Beispiel einen Fisch erspäht hat, stößt sie hinunter und schnappt ihn mit ihrem Schnabel. Ist die Beute zu groß, um als Ganzes verschlungen zu werden, bringt die Möwe ihren Fang an Land, um ihn hier zu zerkleinern. Mit erhobenen Schwingen wird der Fisch gegen andere Möwen in der Nähe verteidigt.

Die Korallenmöwe hat ihren Namen von der korallenroten Farbe des Schnabels, über den im vorderen Drittel ein schwarzes Band hinwegzieht. Der Schnabel der größeren Silbermöwe ist leuchtend gelb. Am Unterschnabel hat diese Möwenart einen roten Fleck.

Möwen brüten am Boden. In dem flachen Nest aus Seetang und anderen Pflanzenresten liegen zwei oder drei Eier mit einer grünlich-grauen Tarnfärbung.

Auf den Felsbändern steiler Klippen liegen die Nester der Korallenmöwe recht gut vor Feinden geschützt. Die Jungen tragen nach dem Schlüpfen ein helles, mit dunklen Flecken durchsetztes Dunenkleid. Die ersten Tage verlassen sie das Nest noch nicht, und auch später bleiben sie in seiner Nähe und werden von den Eltern mit herangebrachter Nahrung gefüttert.

Der Silberreiher

Unter allen weißen Reihern ist der Silberreiher die größte Art. Fast einen Meter wird er groß, wozu allerdings der lange, schlanke Hals einiges beiträgt.
Im Frühjahr, in der Zeit der Balz, tragen die Silberreiher wunderschöne Schmuckfedern, die in einer Länge bis zu 50 Zentimetern von den Schultern über den Rücken herabhängen. Jede Feder hat zahlreiche, locker angeordnete Seitenäste und sieht aus wie ein zarter Fächer. Bei der Balz, aber auch beim Drohen gegen einen Rivalen, können diese Schmuckfedern aufgerichtet werden. Sie waren es, die den Silberreiher zu Beginn unseres Jahrhunderts nahe an den Rand der Ausrottung brachten. Die weißen, seidigen und zarten Federn wurden zum Schmuck von Damenhüten und zur Dekoration aller möglichen Dinge verwendet. Allein in London wurden 1910 Reiherfedern im Gewicht von 1470 Kilo verkauft, was einer Zahl von 300 000 getöteten Vögeln entspricht. Überall, wo die Silberreiher ihre Brutkolonien im Schilf errichteten, drangen geldgierige Jäger ein und schossen die Vögel wahllos ab, auch wenn sie bereits Junge in den Nestern hatten, die dann jämmerlich verhungern mußten. Die Kadaver ließ man liegen, nachdem die Schmuckfedern ausgerupft worden waren.
Um 1920 waren die Silberreiher in Europa fast ausgestorben. Im letzten Augenblick wurden sie unter Schutz gestellt, und heute kann man die prächtigen Vögel hier und dort wieder sehen, zum Beispiel am Neusiedler See in Österreich. Selten sind sie immer noch.
Mit ihren langen Beinen und den gut ausgebildeten Zehen waten die Reiher im Wasser oder in sumpfigem Gelände auf der Suche nach Beute. Fische, Frösche, Molche und Schlangen, aber auch Insekten, wie Heuschrecken oder Libellen, stehen auf der Speisekarte der Silberreiher. Manchmal lauern die Reiher auch reglos, bis sich ein Beutetier nähert. Plötzlich schnellt dann der zuvor s-förmig gebogene Hals vor, der spitze Schnabel stößt zu und packt Fisch oder Frosch. Mit einem Ruck wird die Beute in den dehnbaren Schlund befördert und verschluckt.

Länge: bis 95 cm. Spannweite: bis 165 cm. Gewicht: um 1,3 kg. Lebenszeit in Gefangenschaft: 22 Jahre.

Im seichten Wasser stehend hat dieser Silberreiher eben einen Fisch erbeutet und hält ihn im Schnabel. Die schönen Schmuckfedern hängen von den Schultern über den Rücken herab. Nachdem der Reiher noch mehrere Fische und Frösche in seinem dehnbaren Hals aufgenommen hat, fliegt er zum Horst, um die Nahrung dort für seine Jungen wieder auszuwürgen.

Unten links der Kopf eines Silberreihers und rechts daneben der des kleineren Seidenreihers. Ihm wachsen lange Schmuckfedern am Hinterkopf, und auch er gehört zu den weißen Reiherarten. Darunter einzelne Schmuckfedern des Silberreihers.

Die Horste können bei langjähriger Wiederbenutzung ein stattliches Ausmaß erreichen. Im Mai oder Juni liegen in ihnen drei bis fünf Eier, die abwechselnd von den beiden Eltern bebrütet werden. Die Jungen tragen ein helles Dunenkleid und bleiben im Horst, bis sie fliegen können.

Männchen und Weibchen unterscheiden sich äußerlich nicht, sie sind gleich groß, tragen beide Schmuckfedern und verhalten sich auch sehr ähnlich. Zum Horstbau bringt das Männchen Nistmaterial herbei, das dann vom Weibchen eingebaut wird.

Der Elfenbeinspecht

Es gibt in der Ordnung der Spechte vor allem kleine und mittelgroße Arten. Unser europäischer Schwarzspecht gehört schon zu den großen Vertretern. Als Riesen unter den Spechten kann man aber die Langhaubenspechte bezeichnen, die über 50 Zentimeter Länge erreichen. Zu ihnen gehört der Elfenbeinspecht. Allerdings ist es ungewiß, ob diese Art überhaupt noch existiert. Er lebte einst in den großen Waldgebieten von Louisiana, Florida und Süd-Karolina im südlichen Teil Nordamerikas. Ein Paar, das vermutlich lebenslang zusammenhielt, brauchte einen Lebensraum von etwa sechs bis acht Quadratkilometern. Es sind zwar seit etwa 1950 Schutzmaßnahmen für den Elfenbeinspecht getroffen worden, aber die Beobachtungen wurden immer spärlicher, und dann ist jahrelang keiner dieser Vögel mehr gesehen worden. Erst 1967 wurden wieder welche in Texas gesichtet. Der Elfenbeinspecht braucht große Wälder mit altem Baumbestand. Er zimmert seine Bruthöhlen in den Stämmen der Bäume und ernährt sich hauptsächlich von Insekten und deren Larven, die er aus den morschen Stämmen und unter der Rinde alter, abgestorbener oder kranker Bäume hervorholt. Doch alte und tote Bäume wurden gefällt, die Wälder abgeholzt und bis auf kleine Reste vernichtet, und damit wurde dem Elfenbeinspecht der Lebensraum genommen.

Ähnlich schlecht steht es um den größten aller Spechte, den Kaiserspecht aus Mexiko. Er wird 55 Zentimeter groß und führt eine ähnliche Lebensweise wie der Elfenbeinspecht. Ihm stellten die mexikanischen Eingeborenen nach, denn die Jungen galten als Leckerbissen. Anfang unseres Jahrhunderts waren Kaiserspechte in den Mischwäldern Mexikos stellenweise noch häufig, doch in den sechziger Jahren fand man keine mehr.

Die großen Spechte klettern stets mit dem Kopf voran an den Baumstämmen und Ästen. Die spitzen Krallen an den Zehen, von denen zwei nach vorne und zwei nach hinten gerichtet sind, geben ihnen Halt an der Rinde. Gleichzeitig stützen sie sich mit ihren Schwanzfedern, die versteifte Schäfte besitzen, am Stamm ab. Der meißelförmige Schnabel ist ein ausgezeichnetes Werkzeug, um Löcher ins Holz zu schlagen.

Länge: 50 cm. Gewicht: um 440 g.

Die meiste Zeit des Tages sind die Spechte auf Nahrungssuche. Hier klettert ein Elfenbeinspecht an einem Stamm hinauf, um dann an einem umgestürzten Baum sehr genau die Rindenspalten auf daruntersitzende Insekten zu inspizieren. Wenn er etwas Freßbares entdeckt hat, holt er es mit der langen, ausfahrbaren Zunge hervor, nimmt es in den Schnabel, wie hier eine Käferlarve, und verschluckt die Beute.

Auf der unteren Abbildung oben der Kopf des Elfenbeinspechtes, rechts darunter der Kopf einer kleineren amerikanischen Spechtart, des Rotschopfspechtes. Links davon ein Spechtfuß mit je zwei nach vorne und zwei nach hinten gerichteten Zehen.

Ein junger Elfenbeinspecht, dem noch die Rotfärbung der Haube fehlt, sitzt kurz vor dem Ausfliegen am Höhleneingang und erwartet die fütternden Eltern. Die rote Federhaube bildet sich bei ihm nach der nächsten Gefiedermauser.

In einen alten Baum mit zahlreichen Larven von Käfern hat ein Elfenbeinspecht schon mehrere Löcher gehämmert, um an die tiefer im Holz lebenden Larven herankommen zu können. Solche Nahrungsstellen werden immer wieder aufgesucht.

Die Europäische Sumpfschildkröte

Die Europäische Sumpfschildkröte war einmal in weiten Teilen Süd- und Mitteleuropas bis hinauf nach Norddeutschland weit verbreitet. Sie brauchte sonnige Teiche und flache Seen, langsam fließende Bäche oder auch nur ungestörte Tümpel und Moore. Ihr Lebensraum ist das Wasser, das sie nur verläßt, um sich zu sonnen und ihre Eier zu legen. Bei Gefahr flüchtet die Sumpfschildkröte immer ins Wasser und taucht unter. Versteckt im Bodenschlamm wartet sie, bis oben die Luft wieder rein ist. Auch den Winterschlaf verbringt die Sumpfschildkröte am Boden ihres Wohngewässers. Ihre Nahrung besteht aus allerlei kleineren Tieren, die sie im Wasser findet, Wasserinsekten also und deren Larven, Fische, Frösche und Molche. Wenn die Wassertemperatur nicht zu kühl ist, schwimmt die Sumpfschildkröte recht schnell, und auch an Land ist sie längst nicht so behäbig und langsam, wie etwa die Griechische Landschildkröte.

Nach dem zweiten Weltkrieg wurden in vielen Ländern Europas die natürlichen Gewässer durch den Menschen verändert oder zerstört, um mehr Platz für landwirtschaftlich genutzte Flächen zu bekommen. Teiche und Tümpel wurden zugeschüttet, Flüsse und Bäche begradigt. Gleichzeitig setzte ein immer stärker werdender Freizeitbetrieb an den Gewässern ein. Segler, Angler, Surfer und Badende störten die Schildkröten, die sehr scheu sind, beim Sonnen und bei der Fortpflanzung. Die Europäische Sumpfschildkröte gilt heute in der Bundesrepublik als ausgestorben. Ab und zu wird noch ein Tier entdeckt oder in einem Dorfteich gefangen, aber sehr wahrscheinlich stammen diese Schildkröten aus Südeuropa. Irgendwer hat sie von einer Urlaubsreise mitgebracht und nach einiger Zeit ausgesetzt. In einigen Gegenden Südeuropas, in Südfrankreich, Italien oder Jugoslawien kommen Sumpfschildkröten noch relativ häufig vor. Vielleicht trägt auch ein verändertes Klima zum Aussterben dieser Art in nördlicheren Breiten bei. In kühlen Sommermonaten können sich die Jungen in den Eiern nicht schnell genug entwikkeln, um noch vor dem Herbst zu schlüpfen, und sterben ab.

Länge des Rückenpanzers: bis 25 cm.

Die Europäische Sumpfschildkröte verbringt ihr Leben im und am Wasser. Im Wasser paart sie sich auch, indem das Männchen auf den Rückenpanzer des Weibchens klettert und sich mit seinen Zehen an dessen Panzerrand festklammert. Dann bringt es seine Kloakenöffnung dicht vor dem Schwanz an die des Weibchens und begattet es. Bei Gefahr tauchen die Sumpfschildkröten zum Gewässergrund und verbergen sich in Wasserpflanzen oder im Schlamm.

Links der Rückenpanzer einer Sumpfschildkröte. Er ist flacher als die Panzer von Landschildkröten, um dem Wasser weniger Widerstand zu bieten. Rechts oben die Vorderpfote einer Sumpfschildkröte und darunter der Kopf einer Brückenechse.

Zur Eiablage gehen die Sumpfschildkröten ans Ufer. An einer nicht zu feuchten und sonnenbeschienenen Stelle graben sie mit den Hinterbeinen ein Loch, in das die Eier gelegt werden. Anschließend wird die Grube wieder zugeschüttet. Die Jungen entwickeln sich im Laufe einiger Wochen und messen nach dem Schlüpfen etwa 2 cm.

Die Brückenechse aus Neuseeland ist eines der ältesten heute bekannten Reptilien. Schon im Trias lebten Vertreter dieser Tiere. Heute kommt die Brückenechse nur noch auf einigen kleinen Inseln um Neuseeland vor.

Der Isabellspinner

In der Schmetterlingsfamilie der Augenspinner finden wir die größten Schmetterlinge, die auf der Erde leben. Es sind Nachtfalter mit sehr großen Flügeln, deren Spannweite bis zu 25 Zentimeter messen kann. Die meisten dieser Riesen kommen in tropischen Gebieten vor, aber der Isabellspinner wurde 1922 in der Gegend von Briancon, im Tal der Durance entdeckt. Auffallend sind besonders die vier Augenflekken, einer auf jedem Flügel, und die lang ausgezogenen, schwalbenschwanzähnlichen Fortsätze an den Hinterflügeln. Der Isabellspinner steht unter strengstem Schutz.

Dieser schöne Nachtfalter fliegt im Tal der Durance in Höhenlagen zwischen 900 und 1600 Meter. In Spanien, wo die Art weiter verbreitet und häufiger ist, findet man sie auch in tieferen Regionen. Die Raupen fressen an Kiefernnadeln. Nach dem Schlüpfen aus den Eiern sind sie zunächst winzig klein, wachsen dann aber rasch, wobei sie sich mehrmals häuten, und erreichen schließlich eine Länge von beinahe 10 Zentimetern. Zur Verpuppung spinnt sich die Raupe dann in einen Seidenkokon ein. Bei den Männchen der Augenspinner fallen die fächerartigen Fühler auf. Sie sind die Träger der Geruchsorgane, mit deren Hilfe die Männchen die Weibchen über große Entfernungen hinweg wahrnehmen. Die Weibchen sondern spezielle Duftstoffe ab, um Männchen anzulocken.

Ein weiterer großer Augenspinner, der im südlichen Mitteleuropa und im Mittelmeergebiet vorkommt, ist das Wiener Nachtpfauenauge. Seine Raupen sind von hellgrüner Farbe, tragen himmelblaue Warzen und leben unter anderem auf Obstbäumen, deren Blätter sie verzehren. Insgesamt kommen in Mitteleuropa fünf Arten von Augenspinnern vor, und alle sind von beachtlicher Größe. Tropische Arten zeigen oft noch prächtigere Farben. So hat der Kometenfalter von der Insel Madagaskar leuchtend gelb gefärbte Flügel mit einer rotbraunen Zeichnung und rot, blau und schwarz gefärbte Augenflecken. Die Spannweite seiner Flügel beträgt 15 Zentimeter.

In der Dämmerung hat sich ein Isabellspinner auf einen Baumstamm gesetzt. Ein Schmetterlingsfänger schleicht sich, mit einem Kescher bewaffnet, vorsichtig an. Nachdem es ihm gelungen ist, den Falter zu fangen, tötet er ihn, um ihn entweder einer eigenen Sammlung einzuverleiben oder ihn an andere Interessenten zu verkaufen. So enden viele Schmetterlinge in einer Glasvitrine, wo meist ihre schönen Farben bald verblassen.

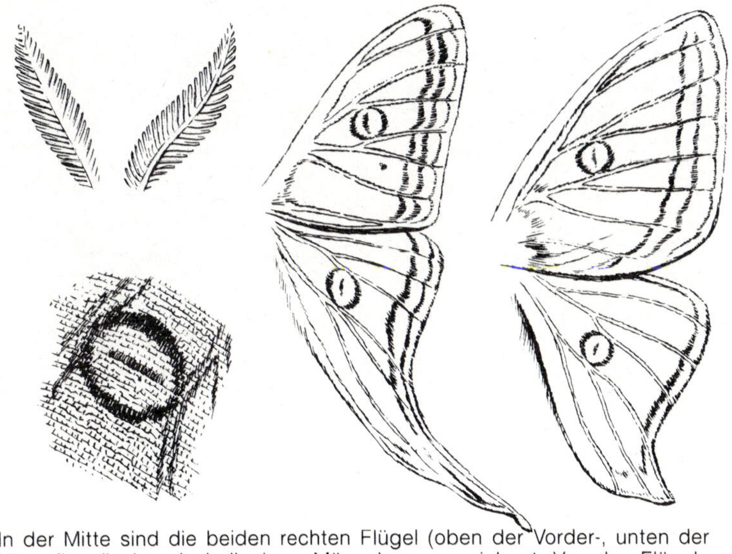

In der Mitte sind die beiden rechten Flügel (oben der Vorder-, unten der Hinterflügel) eines Isabellspinner-Männchens gezeichnet. Von den Flügeln des Weibchens (rechts) unterscheiden sie sich durch die schwalbenschwanzartige Verlängerung am Hinterflügel. Links unten ein vergrößerter Augenfleck. Darüber ein Fühlerpaar eines Männchens.

Die jungen Raupen des Isabellspinners sind zunächst grauschwarz mit hellen Streifen. Im ausgewachsenen Stadium wird die Raupe gelbgrün mit weißen Zwischenstreifen und grünen Ringen. Am Körper stehen einzelne, lange Haare.

Der Atlasspinner, der auch in die Familie der Augenspinner gehört, lebt in Südostasien. Er ist nicht nur wegen seiner stattlichen Größe bei Schmetterlingssammlern gut bekannt, sondern auch, weil es gelang, ihn in Europa nachzuzüchten, wenn man den Raupen nur die richtige Nahrung bietet. Sie brauchen die Blätter des Ailanthusbaumes.

Der Stör

Die Störe gehören zu den größten Süßwasserfischen der Erde. Ein Europäischer Hausen, ein naher Verwandter des Störs, wurde achteinhalb Meter lang und wog eintausenddreihundert Kilogramm. Wenn das auch eine Ausnahme gewesen sein mag, die nicht oft vorkommt, so werden die Hausen doch im Durchschnitt fünf bis sechs Meter lang, und der Stör zwei Meter, wenn es ein Männchen ist und bis zu sechs Meter die Weibchen. Solche großen Fische wiegen dann über zweihundert Kilo.

Störe gab es früher in großer Zahl an den europäischen Küsten vom Nordkap über das Mittelmeer bis ins Schwarze Meer. Vom Meer her kommend, wo die Störe das Winterhalbjahr verbrachten, zogen sie im Frühjahr zu den Mündungen der großen Flüsse, wanderten diese aufwärts und legten an kiesigen Stellen mit starker Strömung ihre 800000 bis 2400000 Eier ab. Wasserverschmutzung, Stauwehre und die Regulierung der Flüsse machen es den Stören heute in den meisten Fällen unmöglich, zu ihren Laichplätzen vorzudringen. Nur noch wenige Störe steigen etwa in der Elbe, in der Gironde in Westfrankreich oder im Guadalquivir in Südspanien auf, um nach geeigneten Laichplätzen zu suchen. Werden diese nicht erhalten, so wird der Stör in weiten Teilen Europas zu den aussterbenden Fischarten zählen müssen.

Mehr noch als der Stör und Hausen selbst sind deren Eier bekannt und zwar unter dem Namen Kaviar, der als Delikatesse verspeist wird. Aber auch das Fleisch der Fische ist schmackhaft, und so versucht man besonders in der Sowjetunion den Hausen durch Schutzmaßnahmen und künstliche Zucht zu erhalten. Haben die Störe ihre Eier wohlbehalten am Laichplatz abgelegt, so kleben diese an den Kieseln am Grund fest.

Sie sind etwa 3 mm groß. Die Jungfische schlüpfen nach 3 bis 6 Tagen und sehen zunächst wie Kaulquappen aus. Ein bis drei Jahre bleiben sie im Süßwasser, um dann flußabwärts ins Meer zu wandern, wohin die Eltern schon gleich nach der Eiablage wieder abgezogen sind. Die Männchen sind mit etwa acht Jahren, die Weibchen mit acht bis vierzehn Jahren geschlechtsreif und begeben sich dann wieder auf die Wanderschaft zu den Flußmündungen.